借りたら返すな！

いちばん得する！儲かる会社に変わる

お金の借り方・残し方

大久保 圭太

Keita Okubo

ダイヤモンド社

はじめに

会社を守るのは「利益」ではなく、「現預金」です

会社を起業したり、出世して経営をまかされたり、社長になる人は、儲けることを考えて経営の舵をとっていきます。しかし残念ながら、多くの会社が儲かる以前に、廃業へと追い込まれます。

どうすれば会社を潰さずに、儲かる会社に変えることができるのか。

答えはただ一つ。会社に「お金」があればいい、それだけです。お金がないから会社は潰れていくのです。お金がないから十分な投資ができず、儲けることができないのです。

私は、コンサルティング会社で企業再生案件を相当数、経験しました。企業再生というと、企業を復活させるかっこいい仕事のようなイメージを持つ方が多いのですが、現場で見たのは、日々の資金繰りに追われ、銀行に追い立てられ、夜も眠れない社長たち……。精神的に追い込まれて自殺してしまった社長もいました。

実際のところ、企業再生案件として、私たちのところにくる段階では、自力での再生は困難なケースが多いです。

理由は「お金」がないからです。お金がなければ借りればいいのですが、企業再生のフェーズに入ってしまうと新規にお金を借りるのは非常に難しくなっています。

「銀行は晴れの日に傘を貸し、雨の日に傘を奪う」

まさにそのとおりです。借入ができないので、資産売却やリスケジュール（返済猶予）、コスト削減、いわゆるリストラなどをして、なるべくお金を減らさない施策を実行するのですが、再生する時間が稼げないケースが多数あります。

「なぜもっと早く相談してくれなかったんだ……」

順調な時期にきちんとした財務戦略を立てていればここまで追い込まれることはなかったんじゃないか、という案件も多くありました。

社長に聞くと「お金のことは顧問税理士に任せていたので……」とよく言われました。

実際に、顧問税理士同席で打ち合わせをすることもありましたが、まったく財務のことが分かっていない方が多く、「こんな状態になる前なら何とかなったのに……」と何度も悔しい思いをしました。

「経営者にお金を任せられている」という認識のない税理士と、「税理士は財務を分かっている」と勘違いしている経営者のギャップは、中小企業にとって大きな問題です。税理士は過去の会計と税務の専門家であってお金の専門家ではないのです。

会計は過去の取引を整理しているだけです。


過去の「会計」ではなく、未来の「財務」を考えましょう。


1日でも「長く」「多く」手元に資金を残す方法を考えていけばいいのです。

企業が存続できるのは、当たり前ですが、現預金が途切れることなくあるからです。**企業を守るのは「利益」ではなく、「現預金」です。**

とにかく手元の現預金を増やすには、どんどん借入をして現預金を集めるべきです。

必要以上の借入をすることに抵抗を感じる経営者がいるかもしれませんが、そもそも銀行は雨の日に傘を貸してくれないのです。

それが分かっているのであれば、晴れの日に借りまくるしかないのです。

「そんなに簡単に貸してくれないよ」と嘆く経営者もいるかもしれませんが、手順をきちんと踏んでいけば、そんなに難しい問題ではありません。

貸してくれないのであれば、返さない。つまり、雨になったら返さないという選択肢も取れます。

業績が悪くなるのが分かっているのに、期日通りに銀行に返済している会社。

税金を払いたくないからと、現預金を減らす無駄な節税に走る会社。

大事なときに助けてくれないのに、メインバンクを大事にする会社。

全部、間違っています。

会社を成長させるのに欠かせないのもまた、「利益」ではなく「現預金」です。

企業活動とは財務の観点から捉えると、資金を調達して、投資して、回収するということです。

大きく調達できれば、手元の資金が厚くなりますから、いつでも投資できる状態になります。さらに、どんどん投資していくことも可能になります。

投資しなければ回収はできません。企業が儲かるようになるには、投資は必須なのです。

投資は小さく、回収は早く、調達は大きくする。このサイクルを大きくしていくことで企業は伸びていき、儲かるようになります。

まずは調達して手元の現預金を厚くしましょう。その方法を本書に分かりやすくまとめました。


「借りたら返すな」

儲かる会社はお金を返している暇などないのです。

借りたら返すな！

いちばん得する！儲かる会社に変わるお金の借り方・残し方

目次

第1章

借りたら、すぐに返すな！

第2章

儲けたいなら、利益を上げるよりも現預金を増やせ

第3章

お金の相談は、税理士にするな！

第4章

儲ける会社がやっている6つのこと

第5章

潰れそうな会社でも、なんとかなる!

イラスト／Jacky Co/bioraven/Shutterstock.com

第1章

借りたら、すぐに返すな！

意外と答えられない「お金」と「会社」の関係

お金を借りたのは誰？　返すのは誰？

「社長！　借りたものは返してくださいよ！　どうやって返済するんですか⁉」

銀行は、お金が回らなくなり借金の返済ができなくなった会社の社長に、こう迫ります。

社長たちは萎縮し、「なんとかしなくては……」と精神的に追い込まれてしまいます。

もちろん、悪化した収益を回復できるような改善の秘策があったり、ビジネスモデルを転換して返済できたりすれば、問題ありません。しかし、回復まで待ってもらえるわけでもなく、たいていの企業はそんなに簡単に改善するものではありません。

にっちもさっちもいかなくなり、選択肢もない。やがて、目の焦点が合わなくなったり、挙動不審になってしまったりする社長たちを企業再生の現場でたくさん見てきました。

「借金で首が回らない」「自分の自由な意思で生きていない」、まさにそんな感じです。残念なことに命を絶ってしまった社長もいました。目的は「生命保険金」です。お金を返す目途がまったく立たず、会社も回復する可能性がほぼない状況で、「借金を返すには、生命保険金しかない」と考えてしまったようです。

なぜそこまでして借金を返さなければいけないのでしょうか？

「借りたものは返す」――当たり前です。「借りた人」が、借りたものは返すべきです。

会社の借金は誰のものでしょうか？

誰が借りたのでしょうか？

当たり前ですが、「会社」です。

そうであれば、**借金を返すのは、「会社」であって「社長」ではありません。**

社長個人が追い込まれる理屈などありません。ただ会社をうまく経営できなかっただけです。それでも借金が返せないと一家離散だとか、自己破産しなければと思って追い込まれてしまいます。

なぜでしょうか？

中小企業の場合、一般的に社長は代表取締役とイコールの関係です。代表取締役とは株式会社を代表する権限（代表権）を持った取締役をいいます（会社法第３４９条）。

まず、当たり前のことを整理しましょう。

・借入をするという判断をしただけ

・借入が返せなくなってしまった株式会社の代表権を持っているだけ

株式会社の代表者として借入が返せるように努力することは、あくまでもビジネスとして大事です。

では、社長が個人の自宅を手放さなければならなかったり、自己破産しなければならなかったりするのはなぜでしょうか？

答えは単純です。**「連帯保証人」**だからです。

銀行から借入をするときに、社長個人を連帯保証人にさせられているからです。

もし、会社に回復の余地がなく法人破産する場合、「連帯保証人」として会社の借金を返済しなければいけないため、個人が返済できなければ自己破産するわけです。

逆に連帯保証人になっていなければ、会社の借金を返さなくても個人にはまったく影響しません。

まずこの当たり前のところをしっかり理解する必要があります。

銀行からの借金が怖いのは、連帯保証人になるからです。

同じ負債でも、買掛金はどうでしょうか？　月末締めの翌月末払いの場合、１か月取引先からお金を借りているのと同じ状態です。

未払給与はどうでしょうか？　毎日頑張って働いてくれている社員の給与を支払日まで借りているのと同じ状態です。

大切な取引先・社員から実質的に借入しているのに、なんとも思わないのは連帯保証人になっていないからです。

そうであれば、連帯保証人にならなければ、銀行はまったく怖くないと思いませんか。

「でも連帯保証を外すことなんてできないでしょ？」

多くの社長がそう言います。

結論から言うと、**一定の条件を満たせば、連帯保証を外すことは可能**です。

もちろん手順は必要ですので第２章で説明しますが、想像するより難しくありません。

連帯保証が外れるように、節税なんかせずに、きちんとお金を残す強い財務体質を目指せばいいのです。

図-1 お金を返すのは社長なのか

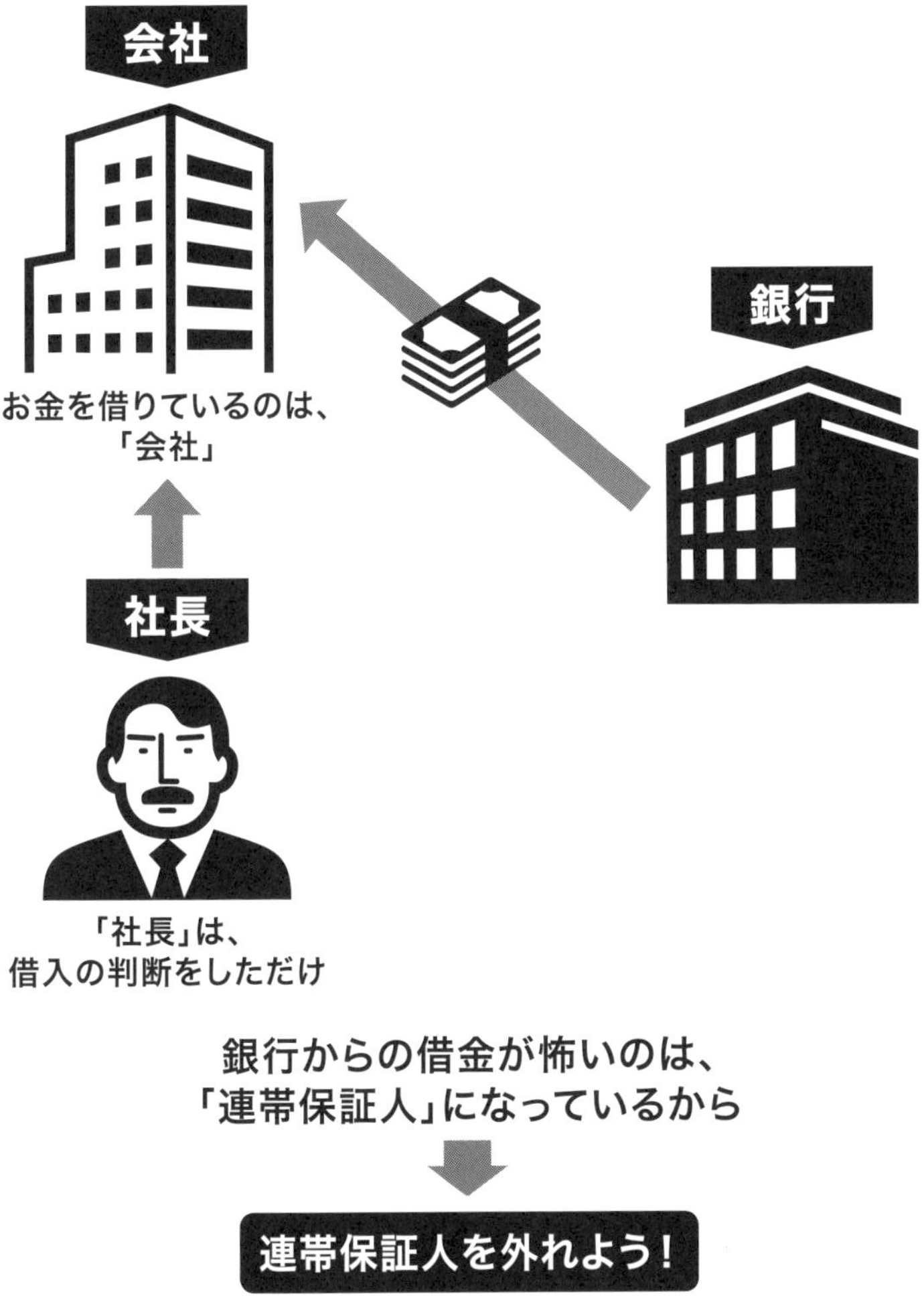
会社
銀行
お金を借りているのは、
「会社」
社長
「社長」は、
借入の判断をしただけ
銀行からの借金が怖いのは、
「連帯保証人」になっているから
連帯保証人を外れよう！

会社を守るのは現預金だけ！

借入が怖いという大きな理由の一つに、「返せないかもしれないから」という話をよく聞きます。借入には返済期間がありますから、その期間内にきちんと利益を出して返せるか不安なのは理解できます。

でも、もっと怖いことがあります。

「現預金がなくなる」ことです。

会社が潰れるのは、現預金が「底を突いた」ときだけです。

借入が返せないことではなく、現預金がなくなることを怖がるべきです。

現預金を早く増やすには、やはり銀行からの借入が一番です。

中小企業の財務基盤は脆弱なことが多いので、利益から法人税を払って現預金を貯めていくのは時間がかかりすぎます。


ではいくら借りればいいのか？

まずは**「借りられるだけ、借りる」**です。

明日から売上がゼロになっても潰れない現預金を持つ。

まずはここからスタートするべきです。


中小企業白書によると、中小企業は設立から10年で約30％が市場から退出するそうです。20年だと半分の会社が生存できていません。

10年で約30％の会社が現預金が底を突き、生存できなくなってしまうのです。

創業から10年も経たずにこんなに多くの会社が潰れてしまうのは、設立前に現預金を用意し、創業融資をきちんと受けていないからではないでしょうか。

会社法が施行された際、最低資本金制度が撤廃され、資本金が1円でも会社が設立できるようになりました。設立の相談に司法書士のところに行くと、「資本金はいくらにしますか？　いくらでもいいですよ」と言われるそうです。

たしかに法律上はそれでいいのでしょうが、会社の設立費用さえ賄えない資本金でいいわけがありません。

本当に１円や１万円の資本金の会社を見ることがありますが、個人資産が相当あるケースでなければ、創業融資も受けられません。よほどよいビジネスモデルでなければ、あっという間に潰れてしまうのも当然です。

現預金の重要性を理解していないので、借りられなくなってから相談にくるケースがほとんどです。第２章で詳しくお話ししますが、銀行はお金がない人にお金は貸しません。

やはり**お金があるときに、さらにお金を集め、絶対に潰れない現預金残高を持つことが重要**なのです。

借入がゼロで現預金が１００万円の会社と、借入が１億円あって、現預金が１億１００万円の会社ではどちらが存続する可能性が大きいでしょうか？

当たり前ですが、１億１００万円を持っている会社です。

1億100万円を持っている会社は、1億円の赤字を出しても潰れませんが、100万円しか持っていない会社は、100万円の赤字でも潰れてしまいます。

もちろん最後は実質無借金、つまり借入金よりも現預金残高が多い状態を目指すべきです。この状態になれば、いつでも返すことができます。

会社が本当に強い財務体質になり、絶対に潰れない現預金残高を持つまでは、銀行に応援してもらう。銀行を味方につけながら、現預金残高を最大化し、安定した経営をおこなっていくのが、中小企業の財務戦略の基本です。

会社を守るのは現預金残高しかないのです。

図-2 潰れない会社はどっち？

A社

借入	0円
現預金	100万円

100万円の赤字でも潰れる

B社

借入	1億円
現預金	1億100万円

1億円の赤字を出しても潰れない

お金を集め、絶対に潰れない
現預金残高を持つことが重要。

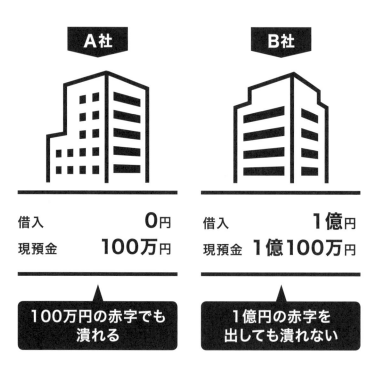

貸した側より借りた側が強い！

借りられるだけ借りてしまうと、毎月の返済が大きくなってしまい、「返済するだけの利益が出せないのにどうやって返すんだ?」と言われることがあります。

財務を少し分かっている方からは、「利益に減価償却費をプラスした返済可能額の範囲内で借りるべきだ！」という意見もよく聞きます。

でも、返済可能額は未来の話です。事業計画を策定することはもちろん大事ですが、実際にそれだけの利益がこれから出るのかは誰にも分かりません。

適正な借入額とか返済可能額というのは過去の分析では有効ですが、未来の話となると机上の空論です。

明日、何が起きるか分からない中小企業を取り巻く環境を考えると、そんな甘いことを言っていてはすぐに潰れてしまいます。

もちろん借りられるだけ借りてしまうと、借入金の期間に応じて利益から返済するのはほとんど不可能になります。

それでいいのです。

そんなことは銀行も分かっていますから、追加融資など借入残高が減らないような提案をしてくるわけです。

つまり、借入金や銀行のマネジメントをしていれば、借入金を当初の返済計画通り最後まで返し続けずに、新しく借り続ける状態をつくることができるのです。

きちんとお金を残す強い財務体質をつくれば、新しく借り続けることができるので、実質的には返していない状態が続き、残った利益分の現預金が増えます。

もっと言えば、銀行から新しく借り続けられる状態になれば、さらに銀行からの調達額を増やすことが可能なので、会社が絶対に潰れない現預金残高を持つ状況に近づけることができるのです。

逆に強い財務体質がつくれなかった場合はどうすればいいか？

その場合、残念ながら銀行からの新規融資などは難しくなってくる可能性があります。

銀行は赤字を埋める資金を貸すのにネガティブだからです。

銀行は雨の日に傘を貸してくれません。

だったら**晴れのうちに傘を借りまくって、雨になったら返さなければいい**のです。

「そんなことしていいのか？」とよく言われますが、仕方ないと思います。

ビジネスにはいいときも悪いときもあります。もちろん早く返せるようにビジネスを立て直すことは言うまでもなく重要です。

しかし、ビジネスの調子が悪くなったら、赤字で現預金が減っていくことがほとんどです。そのときに借りられないことが分かっているのですから、事前に借りておくしかないのです。

雨の日に返さないといっても、十分な現預金残高があり、ビジネスの立て直しまで返済が可能なのであれば、返してもいいでしょう。

ただ立て直しの見通しが立たない、もしくは時間がかかるのであれば、リスケジュール（返済猶予）を検討すべきです。

それは、**手元の現預金を残しておくため**です。

リスケジュールした場合、新規融資は止まってしまいますが、業績が悪くなり、お金が調達できないことが予想されるのであれば、返済を止めてもらっている金額は同額の融資を受けているのと同じ効果があります。

返済額が大きければ大きいほど、リスケジュールの効果は大きいです。

つまり**晴れの日の借入金が多ければ多いほど、雨の日に備えることができる**のです。

借入がいくらあっても、会社は潰れません。現預金がなくなったときに潰れるのです。

現預金がなくなる前に、返済を止めるマネジメントが必要です。

もちろんリスケジュールには交渉が必要ですが、第5章で説明するような手順を踏めば、いきなり回収されることはありません。

無い袖は振れないのですから。

お金は貸した側より借りた側のほうが強いのです。

図-3 借りられるときに借りまくる

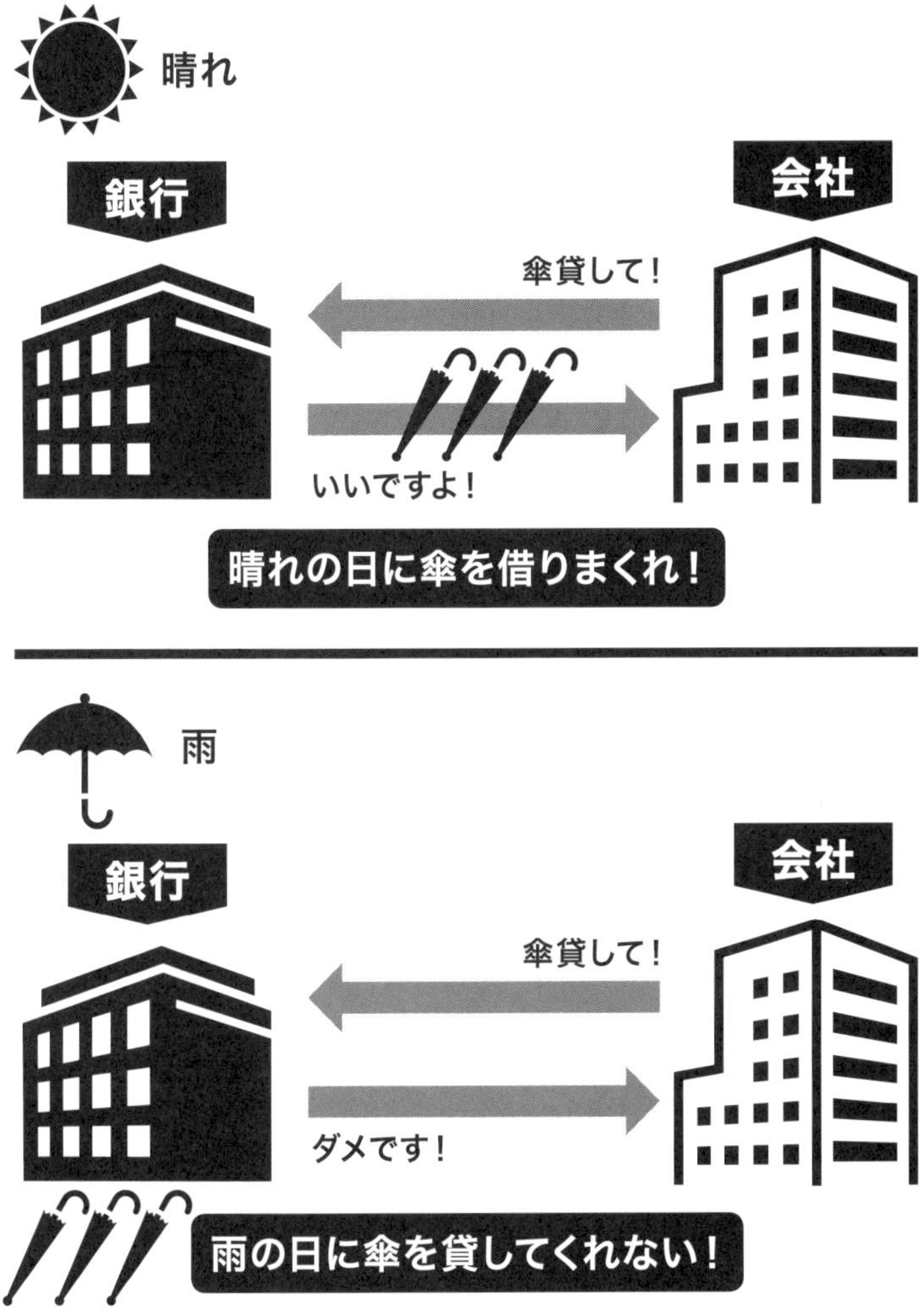

投資の失敗以外、倒産はありえない！

「新しくお店を出したが、なかなか軌道に乗らず現預金が減ってきたので借入したい」という相談に乗ることがあります。

なかには「設備資金」を借りず、手元にある現預金で投資していた方もいました。

手元にある現預金で投資をしてしまうと、投資を失敗したと同時にその投資額の現預金が減ってしまうのはもちろんですが、万が一赤字になった場合、それを埋める現預金も減っていってしまいます。

会社が危うくなる一番の原因は、「投資の失敗」です。

当たり前ですが、現預金を一気に使うからです。また、新しいことを始めるので通常より先が見えないからです。

店舗系のビジネスであれば、出店の失敗。製造系のビジネスであれば、工場や機械へ投資したにもかかわらず、想定したほど利益が上がらないといったイメージです。

経常的に赤字のビジネスは困りますが、人を余計に雇ったり、家賃の高いところに会社を構えたり、**固定費への投資に失敗すると、現預金が減ってくる**のです。

これを回避するにはどうすればいいのでしょうか？

投資額以上の借入をするしかありません。

特に設備資金は、基本的に投資する前にしか借りられませんので、絶対に借りておくべきです。後で「やはり借りておけばよかった」では遅いのです。

また、投資するということは新しいことを始めるわけですから、見通しがつかない期間の「運転資金」もできるだけ借りておくべきです。

新しいことを始めるときは、それくらい慎重であるべきなのと同時に、借りる理由が付くので銀行からの借入がしやすいのです。

また**「金額」だけでなく、「期間」も重要**です。

実際のビジネスにおいては、投資した金額を利益を出して回収する期間は短いほうがいいですが、借入金はなるべく長い返済期間で借りたほうがいいです。

設備資金であれば最低7年。運転資金でも最低5年で借りるべきです。

当座貸越、つまり銀行がいつでも引き上げることができる借入金で新店舗を出したという方がいましたが、相当無謀です。

「そんなに借りなくても絶対にうまくいく」と言う方もいますが、赤字になってからの借入は厳しいので、まずは**できるだけ大きい金額をできるだけ長期で借りる**ことをお勧めしています。

本当にうまくいって返せるくらいの現預金がつくれたら、早く返せばいいのです。

ただし、事業の拡大を目指す方は早く返したりする必要はありません。

次の投資が失敗するかもしれませんから、現預金は持っておくべきです。

もちろん次の投資のときも同じように、できるだけ大きな金額をできるだけ長期間で借ります。結果として、**現預金残高を最大化する強い財務体質がつくれる**のです。

図-4 投資の失敗が一番怖い

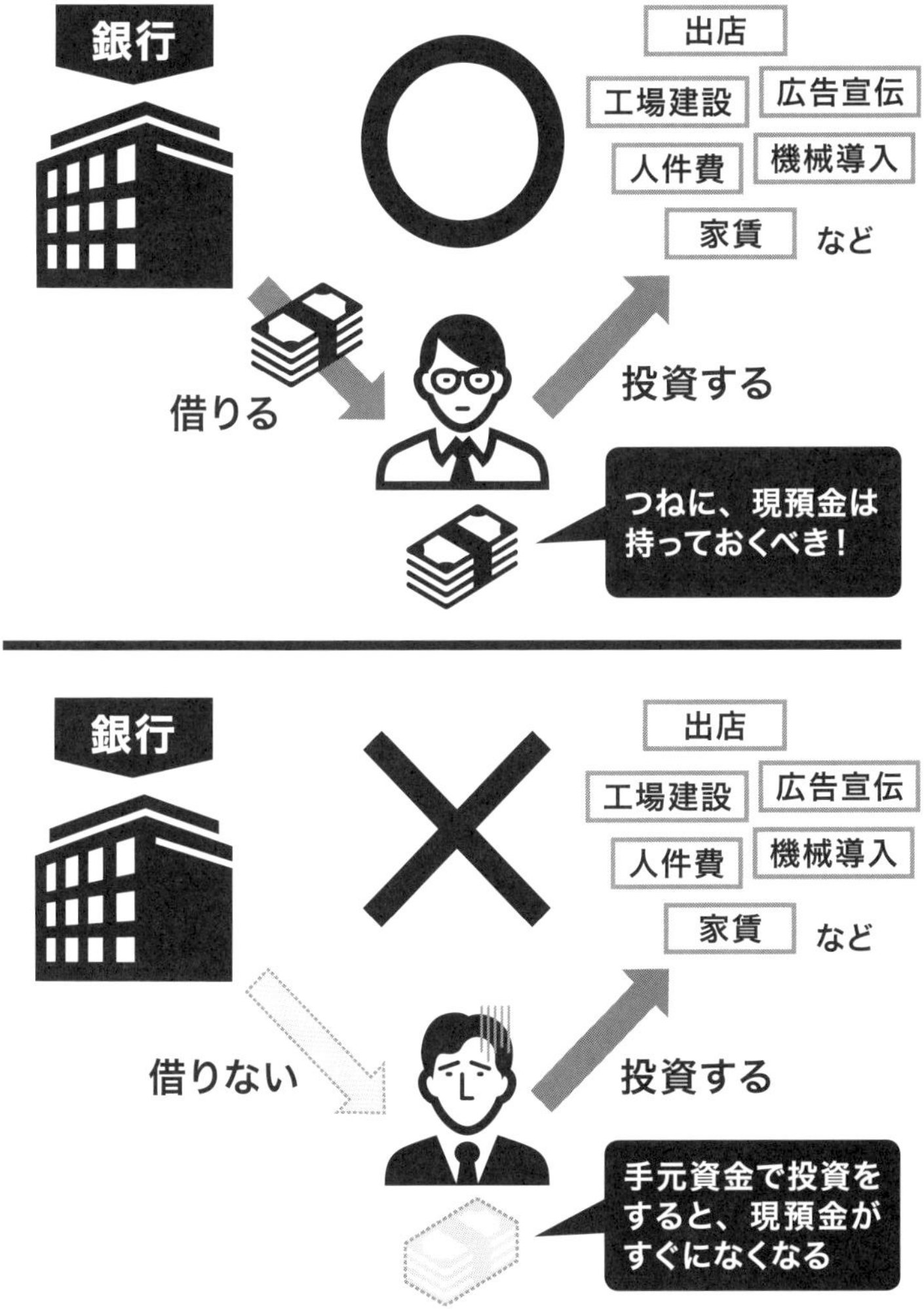

会社は誰に引き継ぐ？
借金を返さないと引き継げない？

これだけ借入を推奨すると、「でも借りたものは最後には返さなきゃいけないいんですよね？」という質問を受けます。

「最後」とはなんでしょうか？

はじめに申し上げましたが、**借りたものは借りた「会社」が返すべき**です。
会社は「ゴーイング・コンサーン」、つまり永続していくことが前提です。
だからそもそも「最後」などないのです。

一方、社長は人間ですからいつか死にます。

当たり前ですが、会社を次の世代に引き継いでいかなければいけません。

中小企業の社長はその会社の株主であることが多いですが、経営者であると同時に株主＝オーナーでもあるという2つの立場の違いをきちんと理解することが重要です。

中小企業の場合、経営者の引き継ぎは困難なケースが多いです。特に初代の経営者ですと、社長のマンパワーに依存しているケースが多いので、なかなか引き継げる人がいないと悩んでいる会社がほとんどではないでしょうか。

一方、オーナーとして会社を引き継ぐということは、株式を誰かに譲渡するということです。他人への売却であれ、身内への承継であれ、株式の譲渡です。

他人への売却であれば高く売りたいでしょうから株価を高くしたいでしょうし、身内への承継であれば、なるべく税金がかからないように株価を抑えたいと思うでしょう。

いずれにしても、株式を譲渡するだけです。


では、引き継ぎ時に借金は返さなければいけないのでしょうか？

当然ですが、返す必要はありません。法人の借入金ですから、法人の利益で返済していけばいいのです。

借入が残っている会社の株式を引き継いだ次のオーナーは、その借入を使って経営できる次の経営者を選任し、会社を継続してもらえばいいのです。もちろん、次のオーナーが経営者として適任であれば、本人が経営も引き継げばいいでしょう。

所有権の引き継ぎも経営権の引き継ぎも、会社が永続する限り永遠に続きます。

そのたびに借入の返済をしていたら、会社を永続させることができるでしょうか？

現預金の少ない潰れそうな会社を引き継ぎたい人がいるでしょうか？

借入は、会社が永続を目的としている限り、永遠に引き継いでいけばいいのです。

第2章

儲けたいなら、利益を上げるよりも現預金を増やせ

銀行との正しい付き合い方

調達力を上げろ！

倒産したくなければ、絶対に潰れないだけの現預金を持たなければいけません。

会社を大きくしたければ、成長に見合った投資ができるように現預金を集められなければいけません。

つまり、守りの戦略を取るにせよ、攻めの戦略を取るにせよ「調達力」を上げなければいけないのです。

「調達力」を上げるにはさまざまな手段がありますが、中小企業が一番実行しやすいのは銀行からの借入です。

銀行からの借入を「借金」ではなく「調達」ととらえ、その力を上げることが、中小企業を強くし、成長させるコツです。

銀行からの調達力を上げるには、次のステップを踏んでいくことが重要です。

①銀行に評価される決算書をつくる
②借入のタイミングをつかむ
③信用保証協会枠を有効に使う
④複数の金融機関（以下、複数行）でプロパー融資の実績をつくる（付き合う銀行・支店を選ぶ）
⑤絶対に潰れない現預金残高を持つ
⑥複数行を競わせてよりよい条件を引き出す
⑦社長の連帯保証を外す

本章では、中小企業の調達力を上げるための銀行との付き合い方をステップごとにお伝えします。

図-5 お金の調達力を上げる7つのステップ

1. 銀行に評価される決算書をつくる
2. 借入のタイミングをつかむ
3. 信用保証協会枠を有効に使う
4. 複数行でプロパー融資の実績をつくる
5. 絶対に潰れない現預金残高を持つ
6. 複数行を競わせてよりよい条件を引き出す
7. 社長の連帯保証を外す

銀行からの「調達力」を上げることが、
中小企業を強くし、成長させる。

銀行との正しい交渉の仕方

銀行の仕事をシンプルに言うと、「お金を集めて、貸し出すこと」です。

預金者からお金を預かり、預かったお金を元手に貸し出しをおこないます。預かったお金と貸し出したお金の金利の差が銀行の利益となるわけです。

しかし、銀行は資金が余っているにもかかわらず、リスクをとってお金を貸そうとはしません。金融庁が「十分な担保・保証のある先や高い信用力のある先以外に対する金融機関の取組みが十分でないため、企業価値の向上等が実現できていない状況」と認めているくらいです。

金融検査マニュアルにしたがい、不良債権を出さないための経営をおこなってきたため、銀行は目利きができなくなってしまったのです。

それでは、銀行は誰にお金を貸しているのでしょうか？

まず1つ目は、**「お金がある会社」**です。

お金がない会社にお金を貸すなんて危ない行為を銀行はしません。

銀行は晴れの日に傘を貸して、雨の日に傘を奪いにきます。銀行には日傘しかないからです。

身も蓋もないようですが、貸し出す側からしたら回収可能性が高い人に貸すに決まっています。

銀行はお金がある人に貸すわけですから、会社としては借入が多くても、お金がない人より借りやすくなります。借入ができているということは銀行に評価されている証拠ですし、出所はどこであれ、お金があるのであればすぐに焦げ付くことはないからです。

2つ目は、**「取引実績のある会社」**です。

借入残高が減ってきたときに、銀行が折り返し融資などの提案をしてきますよね？　過去に取引していて、きちんと返済実績がある会社には貸しやすいのです。

その意味でも銀行との取引をきちんと継続していることに価値が出てきます。

銀行は融資実績のない会社に貸し出して焦げ付くリスクを取りたくありません。

つまり、初回の取引実績をつくることが一番ハードルが高いのです。

3つ目は、**「他行に評価されている会社」**です。

銀行は、他の銀行と取引する会社を嫌がりそうですが、実は、他行も貸したがっていたり、良い条件を出していたりすることで、自行の稟議が通りやすくなったりするのです。

他行に評価されていることは、回収可能性が高いという判断の一つになります。

評価とは、「プロパー融資であること」「融資金額が大きいこと」「期間が長いこと」「金利が低いこと」などです。

金利は最終的には下がってきますから、まずはプロパー融資で大きい金額を長い期間で借りることが重要になります。

「プロパー融資」とは、銀行が信用保証協会（以下、保証協会）の保証なしに出す融資をいいます。

銀行ときちんと付き合いたければ、銀行に応援されるお金の多い決算書を武器に、複数行からプロパー融資の実績をつくっていかなければいけません。

「うちはメインバンク1本でしっかり支援してもらっています」という意見も聞きますが、

よっぽどよい財務状況を維持していない限り、いつ裏切られてもおかしくありません。

そもそもメインバンクだけの取引で、「しっかり」支援してくれているかどうかは誰が判断するのでしょう？

メインバンクが提案してくる内容の良し悪しを判断できる経営者や財務担当者がいれば別ですが、なかなか判断は付きづらく、「お付き合い」で提案に乗っているケースをよく見ます。

メインバンクの提案内容を吟味させるには、同業他社、つまり競合先である他の銀行が一番です。

最低限2行以上から調達し、互いに監視の目を置くことでしっかり支援してくれているかをチェックすることができます。

さらに、地方銀行が再編していく金融情勢を考えると、取引行が経営統合または合併などをしてしまい、1行取引に戻ってしまう可能性がありますので、後述する金融機関の性質ごとに取引先を分けたり、できるだけ多くの銀行と取引したいところです。

図-6 銀行は誰にお金を貸したいのか

1 お金がある会社

会社
借入が多くても、お金がある人に貸す

2 取引実績のある会社

会社
銀行
返済実績がある会社には貸しやすい

3 他行に評価されている会社

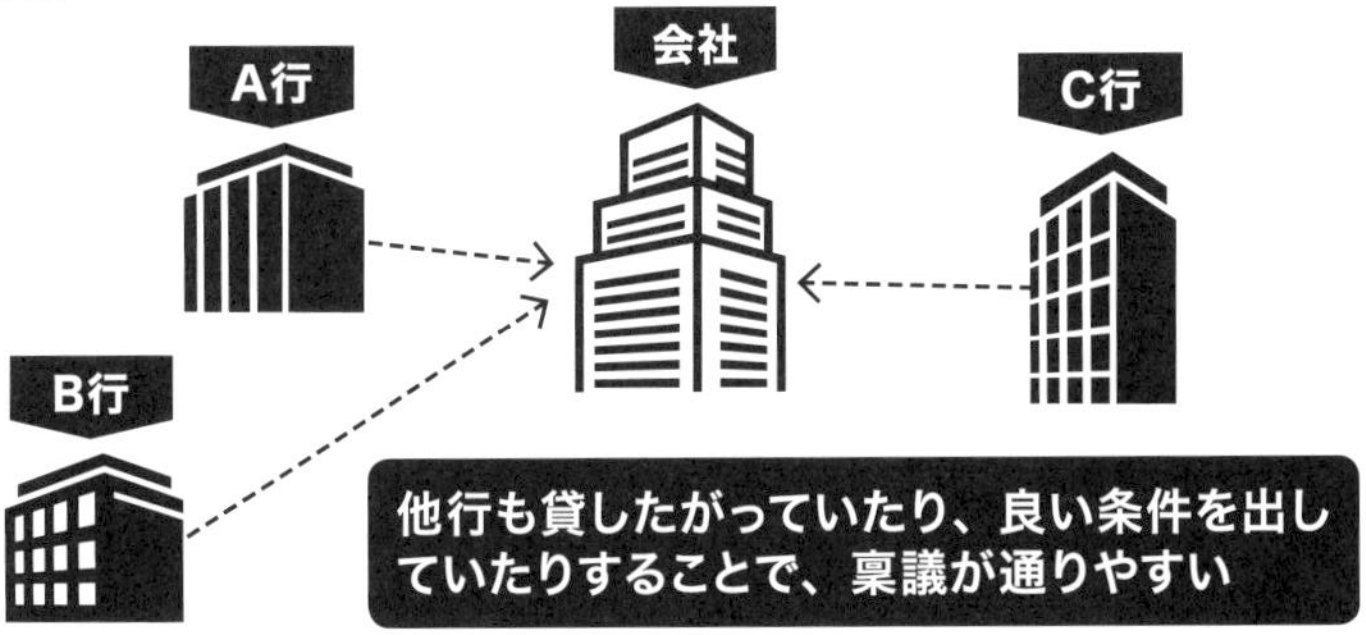
A行
会社
C行
B行
他行も貸したがっていたり、良い条件を出していたりすることで、稟議が通りやすい

銀行に応援される決算書

調達力を上げるためにまずやらなければいけないことは、銀行に応援される決算書をつくることです。会計事務所に任せっぱなしで、経営者がきちんと説明できないような決算書ではいけませんし、いくら事業計画を立派につくっても足元の決算書がきちんとしていないと調達力は上がりません。

銀行は皆さんの決算書を正常先・要注意先・要管理先・破綻懸念先・実質破綻先・破綻先と区分して評価しています。いわゆる「格付け」です。

まずは、正常先に入らないと調達力は上がらないと思ってください。

正常先は業況が順調で、財務内容にも問題がない会社です。

具体的な正常先の評価は、銀行により多少異なりますが、基本的には以下の項目をクリアしているかチェックしてください。

①10年以内に借入金を返せる

10年以内に借入金を返せるというのは、有利子負債（借入金＋割引手形－現預金）から運転資金（売掛金－買掛金＋受取手形－支払手形＋在庫）を引いた実際の借入金を簡易キャッシュフロー（当期純利益＋減価償却費）10年分で返せるかを計算します。

要するに、運転資金として必要な額以上の借入金を10年以内に利益で返せるかどうかです。

現預金は返すべき借入金から引いて考えますので、借入金に見合う現預金を持っていれば借入が多くても問題ありません。

②2期連続赤字ではない

当然利益が出ている決算書のほうが調達しやすいです。2期連続黒字が一つの目安になると思ってください。

逆に2期連続赤字だと正常先にはなりにくいです。

どうしても黒字にならない場合どうしたらいいのでしょうか。

損益計算書を見ると、「利益」というものが上から5つあることに気付くはずです。

売上総利益（粗利）・営業利益・経常利益・税引前当期純利益・当期純利益の5つです。

まずは、営業利益までは黒字にならないかを検討してください。

つまり、「売上原価と販売費および一般管理費（以下、販売管理費）の中に、今期だけ特別に生じた損失はないか」を考えてみてください。

たとえば、事務所を移転した関係の費用が販売管理費に入っているかもしれません。そうすると営業利益が悪く見えてしまうので、特別損失に計上することで、決算書がよく見えます。

そのほか、「営業外収益と特別利益の中に、売上に振り替えられるものはないか」も検討事項です。

不動産収入が大きい会社で営業外収益に計上している会社は、定款の目的に「不動産賃貸業」と入れることで、堂々と売上に計上することができ、決算書の見栄えはよくなります。

それでも黒字にならない場合、本当に無駄な経費が入っていないか確認してください。

図-7 損益計算書

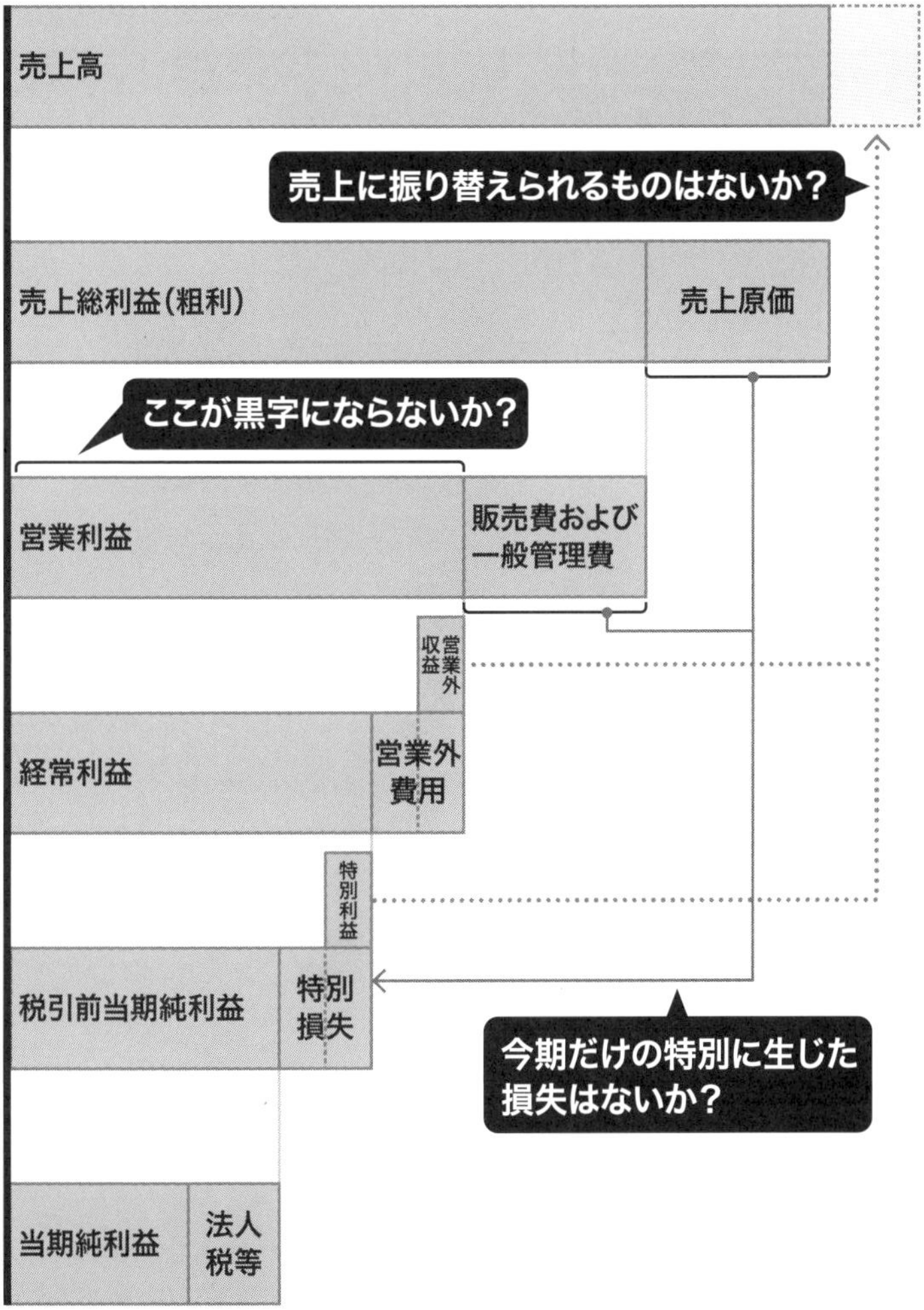

『図解「財務3表のつながり」でわかる会計の基本』(國貞克則著)を参考に著者作成

社長の飲み代や出張代は本当に経費なのかを考えてみてください。

それらを会社の経費にしなければ黒字になるのであれば、経費にせず黒字にして調達力を上げ、より強い会社にして、その飲み代や出張代が経費にできる会社を目指すべきです。

決算前に社長の個人資金を会社の通帳に入れておけば、いざというときにこういった経費を削ることができます。つまり社長が自腹で使ったという処理にすることで、経費を削り利益をプラスにすることができるのです。

個人資金を入れずに経費を削ってしまうと、「社長貸付金」という銀行が嫌がる項目が出てきてしまいます。後述する連帯保証を外す際にも大きくマイナスになります。

社長貸付金は意識していなくても決算書に載ってしまう可能性があります。

税理士に記帳代行を任せている場合は特に注意してください。

社長が会社のお金をちょっと持って行って、返すのを忘れていたり、領収書を出し忘れていたりすると、社長が会社からお金を持って行った事実だけが帳簿に残ります。

つまり社長が会社からお金を借りていることになってしまっているのです。

月次で数字を見ていても損益計算書で売上とか利益を中心に見ているので、貸借対照表に載っている社長貸付金に気付かず、積もり積もって多額になってしまうケースをよく見ます。

もっと言うと、会計事務所が社長の出した領収書を経費にならないと勝手に判断して社長貸付金で処理されていることもあります。知らないうちに会社から借入をさせられているのです。

そもそも会社と個人の財布をきちんと分けるような仕組みをつくらなければいけませんが、せめて決算書には社長貸付金が残らないように、決算前にはきちんと返金してください。

決算書に載せないためには、決算の前に会社の通帳に入れるしかありません。

「決算の前に返金するのを忘れたので、会社の金庫に現金を返したことにしていいですか？」と聞かれることがありますが、ありもしない現金を決算書に計上したら粉飾決算ですのでやめてください。

なぜそれほど社長貸付金が嫌がられるかというと、銀行から調達した資金が社長の個人的な用途に流れていると判断されるからです。

銀行は会社の運営のためにお金を貸しているのに、社長が趣味か何かにそのお金を使っていたら怒りますよね？　ですから、決算書には絶対に載らないようにしてください。

逆に「社長借入金」つまり、社長が会社にお金を貸している状態の決算書はプラスに判断されます。

なにかあったときに、返さなくていいお金、つまり資本金のようなものと判断されるからです。

決算書にお金が少ないときは事前に個人資金を会社に入れて、お金があるように見せてもいいかもしれません。可能であれば、そのお金を資本金として会社に入れて、より強い財務状態をつくってしまうことをお勧めします。③で紹介する「債務超過」の状態であれば必ず実行してください。

③債務超過ではない

貸借対照表の右下に「純資産の部」というのがあります。

ここは、創業してから今までの利益の積み重ねです。

図-8 純資産の部

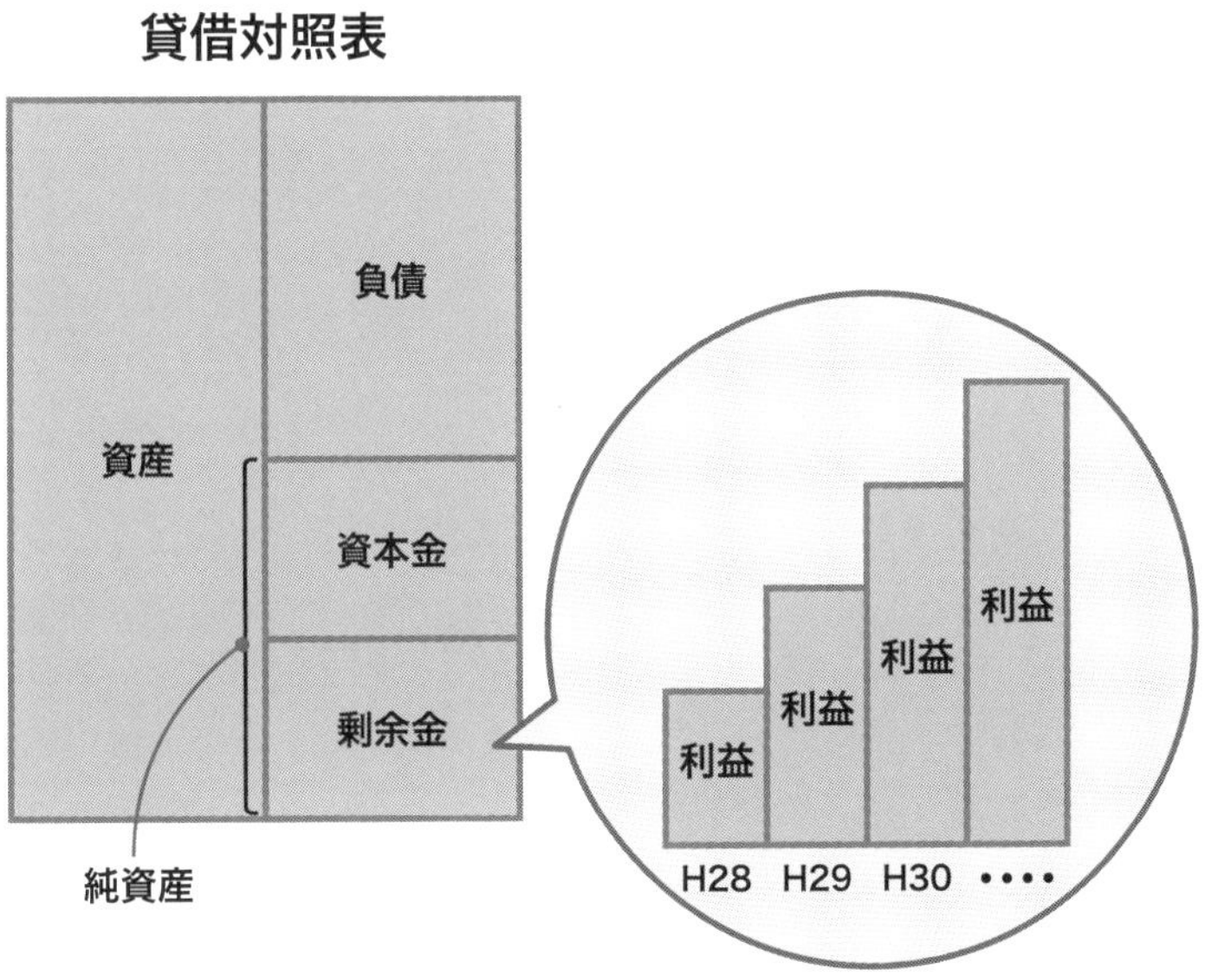

**毎年利益を出して
純資産の部を厚くしていく必要がある。**

「創業してから今までにいくら儲けたか」はここを見れば分かります。

ここがマイナスになっていると少し厳しいです。

創業してから今まで利益が出ていないどころかマイナスなわけですから、何もしないほうが良かったということになってしまいます。

さらに、資本金以上にマイナスになっている状態を債務超過といい、この状態で正常先になるのは難しいです。

毎期利益を出して、この純資産の部を厚くしていく必要があるのです。

この純資産の部は税金を支払った後の純利益の積み重ねですから、きちんと利益を出して、納税した会社だけが強い財務体質をつくれることになります。


さらに、いい決算書に見せるヒントを1つお伝えします。

皆さんの会社は決算月をどのように決められたのでしょうか？

なんとなく3月決算だったり、12月決算だったり……。

よく聞くのは「設立が5月だから4月決算です」と、設立から1年後の月にされているケースです。ひどいケースですと、何も聞かれずに設立をお願いした司法書士がそうしていたということもありました。

明確に決めているケースですと、主要取引先との関係だったり、2社以上会社を持っている社長が節税のためにいろいろ調整ができるという理由で数か月ずつズラしているといったケースもあります。

基本的なことですが、決算月は自由に決めることができます。

では何月を決算月にするべきなのか？

ズバリ、**「一番お金を持っている月」にするべき**です。

決算書の貸借対照表は決算月の最終日の残高を表示しているだけですので、決算月をいつにするかによって見栄えが大きく変わることがあります。

たとえば12月に売上が1番上がり、お金の回収が1月だとすると1月決算にしたほうがお金を持っている決算書になります。

12月決算にすると売掛金が多い会社になってしまいますし、逆に11月決算にしてしまうと、在庫が多い会社になってしまうかもしれません。

現預金が少なく、在庫や売掛金が多い決算書を見ると銀行は不安になります。在庫や売掛金はいつ現預金になるのか分かりません。売れないかもしれないし、回収できないかもしれない。もしかしたら粉飾しているかもしれません。

一方、現預金残高は残高証明書をとれば簡単に正しいかどうか分かりますから、決算書の残高を最大化することでお金を持っている会社と錯覚させることができるのです。

会計事務所に任せた決算書ではなく、調達力を上げるポイントを押さえた決算書にしていくことが非常に重要になりますので、申告書の提出期限ギリギリに打ち合わせしても間に合いません。

まずは決算前に着地の検討をし、現預金を動かす必要があれば動かしましょう。決算の大枠は1か月程度でまとめてもらい、事前に着地の方向を決めてから申告書をつくってもらうくらいの流れが理想です。

このタイミングで借りろ!

決算書を整えたら、次は「いつ借りるか?」です。

現実的に借りやすい時期は以下のとおりです。

①設備投資
設備投資に対する借入は、理由が明確なので非常に借りやすいです。

手元の現預金で足りない額だけ借りようとする人もいますが、なるべく投資の全額を借りたほうがいいです。

投資回収が計画通りいくとは限りません。

売上が上がるのが思っていたより遅くなるかもしれません。

新規投資はなにが起きるか分からないので、この借りやすいタイミングで「できるだけ多額」を借りるのです。

ただし、設備資金は、銀行が投資との紐づけをするのが一般的です。

銀行は融資を受けた口座から相手先への支払いをするよう要求します。さらに、領収書を提示する必要があることから設備の金額を多く見積もっても意味がありません。

資金使途が限定されてしまうので、余剰として持っておくということができません。

余剰資金を持って安心してスタートするために運転資金もあわせて借りましょう。

投資にかかる事業開始までの人件費や経費などの運転資金を設備資金と一緒にできるだけ多く借りるように交渉するのです。

これにより、運転資金での融資実績もつくることができます。

また、もちろん期間も「できるだけ長く」です。

最低限、投資を回収できる期間以上で借りなければキャッシュフローが回らなくなることは言うまでもありませんが、手元に現預金をなるべく残しておくには、返済の負担は少ないほうがいいのです。

日々の現預金残高を最大にするのが財務戦略の基本です。

そうであれば、返済は遅いほうがいいに決まっています。

設備資金の調達で一番注意しなければいけないのは、「設備投資後（支払い後）の調達はできない」ということです。

設備のために貸したのに、手元の現預金ですでに支払っていたとなると、貸したお金はなにか別のことに使うことになってしまい、資金使途と違う貸付になってしまうからです。

手元の現預金でなんとか出店して、赤字になってしまうと、もう銀行は助けてくれません。あっという間に倒産の危機になります。

設備投資をするときは、まずは投資回収計画をつくり、銀行に相談しながら進めるべきです。

計画がずさんで、無理がある場合には、指摘してもらえるというメリットもあります。

銀行が設備資金を出さないような投資計画であれば、やめておいたほうがいいかもしれません。

②自社の決算が終わったとき

決算が終わったら、きちんと銀行に報告をしていますか？

とりあえず決算書を送っているならまだいいほうですが、銀行から問い合わせがあるまで送らないという方もいらっしゃいます。

決算報告は調達の絶好のチャンスです。

取引のある銀行を呼んで、前期の報告をするとともに、今期の展望を、できれば事業計画などにまとめて提出します。

ポイントとしては、今期に設備投資を予定している場合には、その時期と金額を伝え、積極的に動いてくれそうな銀行を絞っておきます。

実際に設備投資のタイミングが来たときにスムーズな対応をしてもらえます。


また、意外に交渉していないのが年度資金です。

今期の年間返済額を提示し、「今期末も同じくらいの現預金残高をキープしておきたい」と伝え、今期の必要資金と返済予定額を運転資金で借りてしまうのです。

プロパー融資で複数行取引ができている場合、他行のシェアを奪いたいと思い、積極的に対応してくれる銀行が多いです。

何行かが、年度資金を出してくれるようであれば、条件を競わせてもいいですが、現預金残高が少ないうちは、全行から借りてしまうというのも手です。

「他からも借りたんですか？」と言われるかもしれませんが、「御行だけ返しましょうか？」と言えば何も言えなくなるはずです。

また、そもそも**決算書は「新規調達の武器」**です。

銀行は、決算書をシステムに登録し、格付けします。

どういう格付けになるかは、決算作業の段階である程度判断しておく必要があります。その格付けに応じた交渉を決算報告をしながらおこなうのです。

業績がよいのであれば、交渉はしやすいでしょうが、業績が悪かった場合でも、嘘をついてはいけません。きちんと今後の展望を伝えながら、どのような支援をしてもらえるのかを確認するといいでしょう。

回復に長期間を要するようであれば、リスケジュール（返済猶予）せざるをえない可能性もありますが、決算書も提出せず、なにも相談せず、いきなりリスケジュールのお願いに行くよりも、銀行の印象はだいぶ良くなります。

③銀行の決算時期

銀行の決算時期である3・6・9・12月も借りやすいです。特に本決算である3月と中間である9月は借りやすい印象です。

銀行も営利目的ですから、営業マンにもノルマがあります。

ノルマ達成のために、なんとか新規で貸し出しをしたいと思っていたり、貸出額を増やしたいと思っていたりする営業マンも多いので、声をかけてみてもいいかもしれません。

ただし、「投資商品を買ってくれ」とか「クレジットカードをつくってくれ」といったような調達に関係ないノルマへの協力は意味がないのでやめましょう。

実は、低金利の融資で利ざやが稼げなくなった銀行は、金融商品などの販売手数料を積極的に稼いでいますので気を付けましょう。

④納税資金

ほとんどの節税は、税金を払う時期を先に延ばす、いわゆる繰り延べ効果しかありません。

いつかは払わなければいけない税金をなぜ先に延ばすのでしょうか。

一つの答えとしては、「今すぐ」払うのが嫌だからではないでしょうか。

であれば、納税資金を借りてしまってはどうでしょう。

基本的には6か月の短期資金になりますが、分割での支払いになりますので、負担は軽く感じるはずです。

調達力を上げていくときにまず障害となるのが、納税への抵抗感です。これを取り払っていただく意味でも有効だと考えています。

ただし、納税資金といっても消費税分は基本的に貸してもらえないので注意してください。

事業資金に回してしまっていることが多いですが、事前に預かっているお金ですのできちんと管理しましょう。

信用保証協会枠はこう使え！

決算書を整え、タイミングがきたら、「プロパー融資」の実績をつくっていきます。

必要なものは、「決算書3期分」です。

決算書3期分ですので、創業から3期終わっていない会社は残念ながら銀行のプロパー融資は難しいと考えてください。

確認ですが、プロパー融資とは、銀行が保証協会の保証なしに出す融資でしたね。

保証協会とは、中小企業がお金を借りやすくするために設立された公的機関です。

中小企業が銀行から資金を調達する際に、保証協会の「信用保証」を付けることにより、銀行は融資しやすくなります。なぜなら万が一、融資が貸し倒れたときに、保証協会が原則80％弁済してくれるからです。つまり、資金を出す銀行のリスクは20％に軽減されるのです。

ただし保証協会の保証をつけるには、保証協会に信用保証料を支払わなければいけません。

銀行のリスクを軽減するのですから、保証料は銀行が払うべきだと思うのですが、なんと中小企業が負担することになっています。

こんなに銀行に有利にできている制度ですから、銀行としては当然保証付融資を勧めてきます。

すでに取引している銀行に「保証協会の枠が空いてきたので、そろそろ折り返し融資をどうでしょう?」と言われて、「じゃあ、借りておこうかな?」と銀行の言いなりになっていませんか?

「別にこちらには関係ないし、借りやすいんならいいんじゃないの?」と思われる経営者もいらっしゃると思います。

しかし、保証協会の一般枠は、無担保保証で8000万円しかありません。最大の金額で8000万円なので、企業規模が小さかったり、財務状態が悪かったりすると、ここまでいきません。この枠の中でしか調達ができないと会社規模を拡大していくのに必要な資金を集められない可能性があります。

また、保証協会の保証付融資しか受けられない経営をしていると、銀行は保証協会に判断を委ねるため調達の判断がすべて保証協会任せになってしまいます。

つまり保証協会が「ノー」と言えば、借入が止まってしまうというリスクが高い状態になります。

また、プロパー融資を受けていないと、他行から評価はされません。保証付だから融資しているだけ、という判断になってしまいます。

まずは、プロパー融資を目指さなければいけません。

保証付融資ばかり勧めてくる銀行は、御社のことを信頼していない可能性があります。保証協会の保証が付いていれば、基本的にどの銀行でも貸すからです。

プロパー融資は、銀行自身の判断で融資をおこなうため、はじめて自社にあった銀行と取引していくことができるようになります。

しかし、どの銀行が自社にあっているか、なかなか分からないケースが多いと思います。

そのときはまず、プロパー融資での取引が可能か聞いてみましょう。

銀行に言うのは抵抗があるかもしれませんが、「顧問税理士に保証協会枠は取っておくように言われた」とか、「友人の経営者に言われた」とか理由をつけて交渉してみることです。

銀行は自分に不利なことを自分からは言いませんので、こちらから話を切り出すしかありません。

すでに決算書の財務状況がよければ、決算書3期分を銀行に渡すことでプロパー融資が出るかもしれません。その場合、何行かに渡すことで複数行のプロパー融資の実績がすぐにできてしまいますので、あっという間に潰れない現預金残高を持つことができます。

ただし初回取引だったり、財務状況があまりよくなかったりすれば、難しいと言われてしまうこともあるでしょう。

その場合は、保証協会の保証が付く金額（いわゆる保証協会の枠）を使わせて同時にプロパー融資の交渉をするのです。

ある会社から、「うちくらいの規模だとまだプロパー融資が出ないんだよね」と相談を受けました。

まだ小さい会社で、地方銀行1行のみの取引でした。借入状況を確認したら、すべて保証付融資でしたので、「そろそろプロパー融資をお願いできませんかね？」と聞いたところ、「社長のところはまだ財務も強くないし、保証協会の枠もあるから、プロパーじゃなくてもいいでしょ」と断られてしまったそうです。

そこで他の金融機関に「保証協会の空いている枠を御行に使ってもらってかまわないので、プロパー融資もあわせてご検討いただけませんか？」と聞いて回りました。

結果、信用金庫1庫だけでしたが、保証付融資1000万円とプロパー融資1000万円を出してくれました。

当初取引していた地方銀行の融資対象としては、この会社は小さすぎて本気で取引するという判断をしてもらえませんでしたが、手を挙げてくれた信用金庫にはちょうどよい相手だったので支援してもらえたのです。

このようにして、**自社ときちんと付き合ってくれる金融機関を探していく**のです。

銀行に保証付融資をちらつかせてプロパー融資も要求してみます。

本気で御社と付き合う気があれば、出してきます。

また、何行かあたってもプロパー融資が難しいようであれば、財務状態が相当厳しいのかもしれません。その場合でも、「今回は保証協会枠だけど、次回はプロパー融資を出してくれますか?」とか「どういう状態になったらプロパー融資を出してくれますか?」ときちんと質問をして、一番現実的に出してくれそうな金融機関に保証協会の枠を使わせたほうがいいと思います。

もちろん口約束なので、信用はできませんが。

図-9 プロパー融資を目指そう！

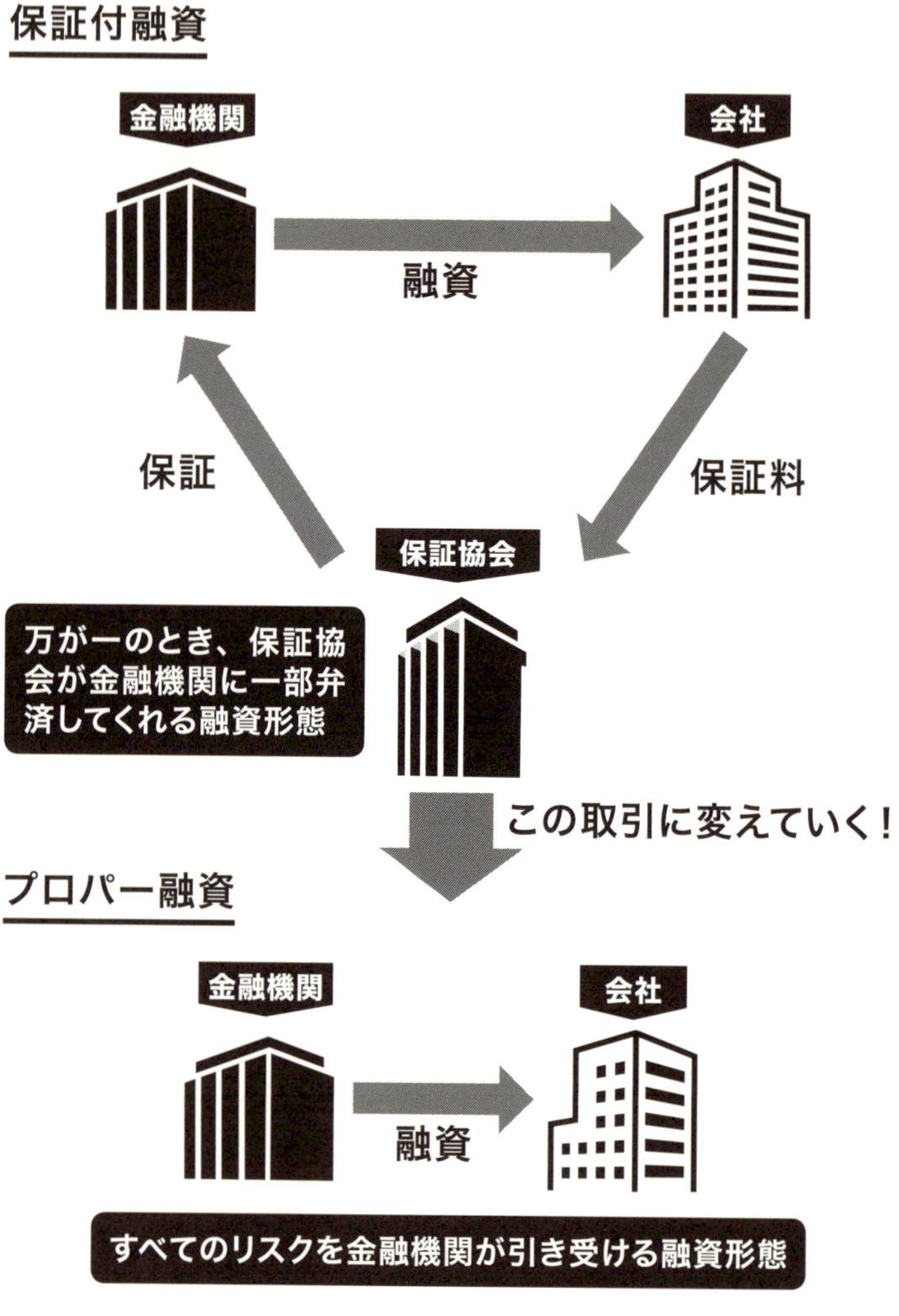

どの金融機関と付き合うか？

「自社にあった銀行を探すといっても全部手探りで探すの？」「どこの銀行が借りやすいの？」という質問をよく受けます。

財務状況やエリアによってさまざまですから一概には言えませんが、大枠として、銀行を含む金融機関を次の5つに分類して考えると分かりやすいと思います。

①都市銀行
②地方銀行
③商工組合中央金庫（商工中金）
④信用金庫・信用組合
⑤日本政策金融公庫

それぞれの特徴を挙げていきます。

①都市銀行

都市銀行とは、普通銀行のなかで、東京・大阪といった大都市に本店を構え、広域展開している銀行のことをいいます。具体的には、三菱東京ＵＦＪ銀行・三井住友銀行・みずほ銀行・りそな銀行・（埼玉りそな銀行）です。

都市銀行と取引するには、やはりそれなりの規模が必要です。

財務基盤が脆弱な段階でプロパー融資が出る可能性は低いと考えたほうがよいです。

その代わり、融資する金額は大きく、１億円以上貸せる可能性のある会社に貸したがります。また、多くの融資方法を持っているため、他の金融機関ではできない融資が可能なこともあります。

ただし、借入金の返済が不可能になった場合、サービサー（債権回収会社）へ債権譲渡したり、保証協会への弁済を求めたり、担保物件を競売したりといった不良債権処理を迅速におこなう傾向にありますので注意が必要です。

②地方銀行

地方銀行とは、第一地方銀行と第二地方銀行に分けられます。

第一地方銀行は昔から株式会社として営業してきた銀行で比較的規模が大きく、第二地方銀行は元は相互銀行で平成元年以降に株式会社になった銀行という歴史的な違いがありますが、都市銀行以外の銀行と考えてしまっていいでしょう。

経営基盤強化のための経営統合や組織再編などが積極化しているので数は変動しますが、それでも100行以上あります。

数が圧倒的に多いので、複数行取引は地方銀行がメインになってきます。

自社のまわりにある地方銀行を調べるだけでも相当な数があります。また、遠方の都道府県に本店のある地方銀行の支店が近くにあることに気が付くと思います。

地域産業が低迷しているところが多く、融資が伸びていないため、他の都道府県に支店をつくって新たな貸出先を開拓しているのです。新規開拓をしにやってきているため、積極的な融資提案をするケースが多く、ここを狙ってみるのも面白いです。

ただし、今はこのようにして生き延びている地方銀行も、いつ経営統合や合併されるか分かりません。また、経営統合された場合には、統合した側の融資判断が優先されることになる可能性が高いため、たとえば短期融資の折り返しでずっと融資をし続けてもらっている銀行が他行に統合されてしまった場合、短期の期限で融資が終了する可能性が出てきます。

これまでは、第一地方銀行と第二地方銀行の違いをあまり意識する必要はありませんでしたが、今後の地方銀行再編時代によりよい条件で生き残る銀行と付き合うには、第一地方銀行を優先していったほうがいいかもしれません。合併する側になる可能性が高いからです。

もちろん第二地方銀行でも第一地方銀行より規模が大きいところもありますので、付き合う銀行の財務状況を見ることも必要になってきます。

また地方銀行は、地域金融機関としての役割を担っているため、地方創生にどう貢献しているのかを評価するベンチマーク（指標）をホームページなどで発表しています。各地方銀行の方向性を見て、付き合う銀行を選ぶ時代になってきました。

③商工組合中央金庫（商工中金）

商工中金は、政府と民間団体が共同で出資する唯一の政府系金融機関です。

あまり馴染みがないかもしれませんが、各都道府県にあり、基本的にプロパー融資で対応してくれます。また政府系なので国の施策と連携した融資制度があることも特徴です。

融資を受けるには、商工中金の株主になっている中小企業団体（商工中金株主団体）の構成員である必要がありますが、申し込みの段階では構成員になる必要はありませんので、まずは申し込んでみて、融資が出るようであれば、どこかの団体に加盟すればよいという流れになります。

政府系ですので、無理な貸し剝がしなどはしない傾向にあります。

④信用金庫・信用組合

信用金庫・信用組合と銀行の違いは分かりにくいと思いますので少し説明します。

銀行は、株式会社なので、株主の利益が優先されます。

一方、信用金庫・信用組合は、地域の方々が利用者・会員となる協同組織の金融機関で、主な取引先は零細企業や個人です。利益第一主義ではなく、地域社会の利益が優先されています。そのため、業績が悪くなった際に貸し剝がしなどもされにくい傾向にあります。

また、担当者が取引先を一軒ごとに回るような営業をしており、地方銀行以上に地域に密着して小回りもききますので、対応エリアは限られますが、条件が合致した場合には、支援してもらいやすく、またずっと安定した取引ができます。

銀行のようにあまり大きい額の融資は期待できず、はじめは保証付融資を提案されることが多いですが、会社が小さい段階でも取引しやすいので取引行に入れておいたほうがいいでしょう。

⑤日本政策金融公庫

日本政策金融公庫は、政府系の金融機関です。2008年に、国民生活金融公庫・中小企業金融公庫・農林漁業金融公庫が解体・統合され、設立されました。

現在も、国民生活事業・中小企業事業・農林水産事業の3部門があり、保証協会は使わずプロパー融資で対応してくれます。

政府系ですので、国の施策に沿ってさまざまな融資制度があります。

国民生活事業は小規模事業者向けです。創業融資などはかなり出やすくなっていますが、限度額が基本的には4800万円で、その他特定設備資金や別枠などありますが、それより大きい額の調達になると中小企業事業の管轄になります。

こちらは限度額が7億2000万円とかなり大きな資金需要にも対応してもらえます。

また、国民生活事業の金利は融資制度によって決まっていますが、中小企業事業になると銀行と同じような金利水準で対応してもらえることもあります。

こちらも商工中金と同じく政府系なので、無理な貸し剝がしなどはしません。


自社のステージに合わせ、どこがきちんとお付き合いしてくれるのか。

まず、ここを間違えてはいけません。

たとえば、創業したての小さい企業に、都市銀行がプロパー融資をするケースはまずありません。必ず保証協会の保証が付いているはずです。

「うちは都市銀行が融資してくれている」と思っていても、保証協会の枠が埋まった時点で、プロパー融資が出ない可能性が高いです。取引が大きくなることはほとんどありませんから、日本政策金融公庫や信用金庫と取引したほうがきちんと支援してもらえると思います。

また、最悪の事態に各金融機関がどのような動きをとるのかも想定しながら付き合いましょう。

図-10 どの金融機関から借りるのか

金融機関を5つに分類する

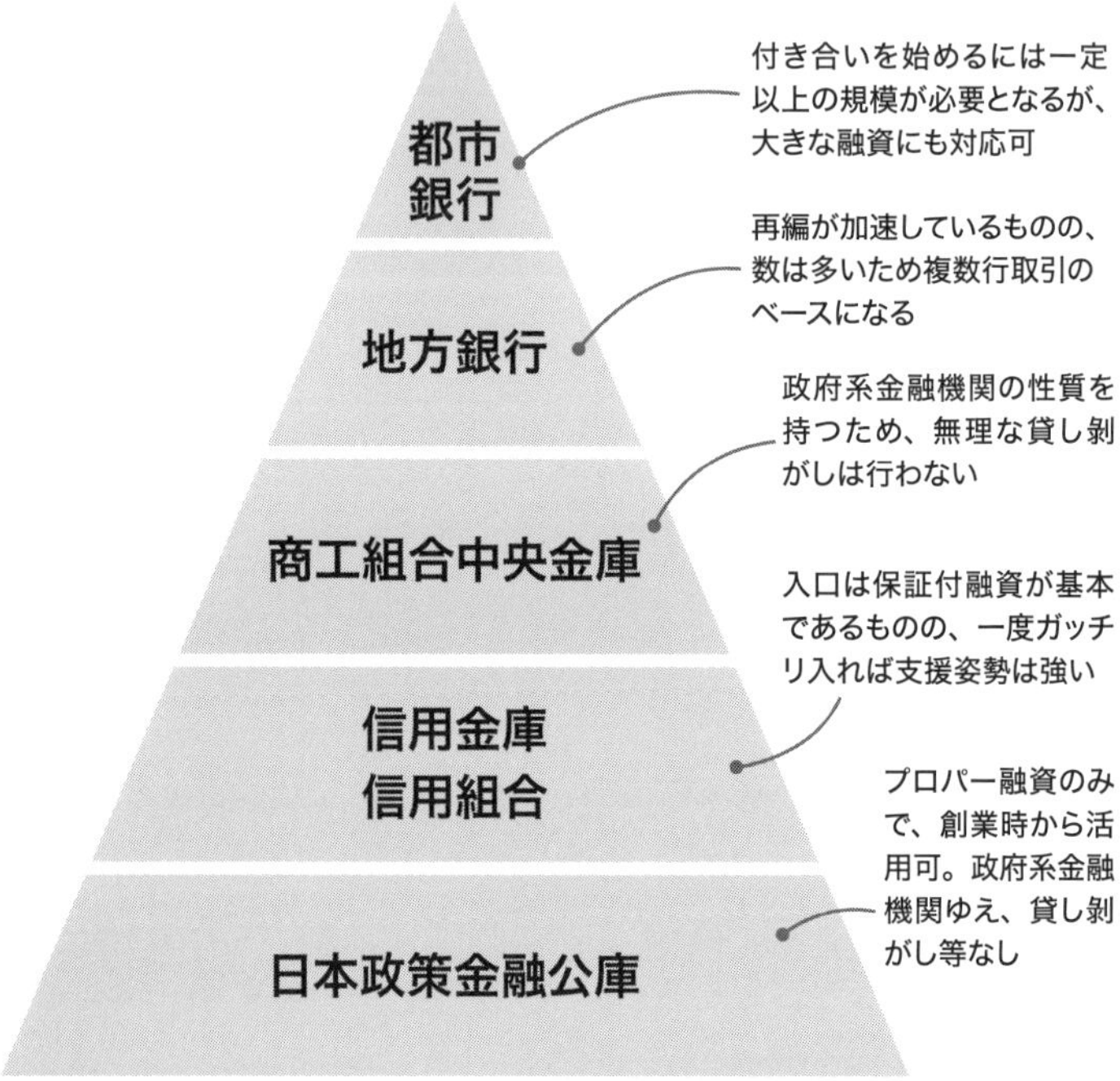

都市銀行
付き合いを始めるには一定以上の規模が必要となるが、大きな融資にも対応可
地方銀行
再編が加速しているものの、数は多いため複数行取引のベースになる
商工組合中央金庫
政府系金融機関の性質を持つため、無理な貸し剥がしは行わない
信用金庫
信用組合
入口は保証付融資が基本であるものの、一度ガッチリ入れば支援姿勢は強い
日本政策金融公庫
プロパー融資のみで、創業時から活用可。政府系金融機関ゆえ、貸し剥がし等なし

自社のステージに合わせた金融機関選びが必要。

どの支店と付き合うか？

どの金融機関と付き合うかと同時に、どの支店と付き合うかも非常に重要になってきます。

前述のように、地方銀行が他の都道府県に越境してきている場合には、新規開拓をしにきている可能性が高いので取引しやすいことが多いです。

一方、越境であっても、東京駅周辺の東京支店の場合は、上場企業への対応のためで、中小企業を相手にしていないケースもあります。

さまざまな金融機関の支店と付き合いながら見極めていくことが必要となります。

また、支店長が変わると融資姿勢が一変する可能性があります。

支店長は数年ごとに異動になります。

これまで融資に積極的だった支店長と取引を拡大してきた場合でも、その支店長が異動となり、保守的な支店長に変わった場合、急に融資が止まる可能性があります。

こうなってしまったら、どうにもできません。

支店長の異動先の支店に取引を移すことはできませんし、その金融機関での融資は基本的に一支店からですので、保守的な支店長になってしまった場合、この先数年間、積極的な取り組みはしてもらえなくなる可能性があります。

そうなると、会社の成長も止まってしまいます。

メインバンク1行のみの取引の怖さはここにもあります。

支店長が変わっただけで融資が出なくなったらたまったものではありません。

このリスクを回避するためにも、やはり複数行取引しかないのです。

積極姿勢の支店長のときに、融資の実績を伸ばし、消極姿勢の支店長に変わったら、他行の積極姿勢の支店長のほうで融資の実績を伸ばし、消極姿勢の支店長が異動になるのを待てばいいのです。

お金の集め方シミュレーション

具体的にどのようにお金を集めるのか。

いくつかのパターンをご紹介します。

①創業融資

創業時は必ず調達すべきです。

というよりも、絶対に潰れないだけの現預金がないのであれば、調達できる状態で創業すべきです。

創業融資のメリットは、決算書がなくても借りられるということです。

つまり過去の結果にとらわれないので、これから失敗するかもしれない決算書の枠外で借りられるのです。

ただし、もちろん銀行のプロパー融資は出ませんから、基本的には、国が用意している日本政策金融公庫の新創業融資制度か保証協会の創業保証を使うことになります。

審査基準としては、まず「経歴」と「事業計画」です。

それから重要なのが自己資金要件、つまり「いくら貯めてきたか？」です。

日本政策金融公庫であれば、創業に必要な資金の10分の1以上の自己資金となっていますので、自己資金の9倍借りられることになります。

ただし、上限があるのと、業種業態によって審査が違いますので、だれでも9倍借りられるというわけではありませんのでご注意ください。

一般的には自己資金の2倍で1000万円くらいまでが借りやすいようです。

保証協会のほうは自己資金要件はありませんが、実際にお金がない人で借りられた人は稀です。むしろ日本政策金融公庫よりも調達しにくいと思います。

創業する方は、未来に向かって夢と希望で満ちあふれているケースが多いので、創業融資を受けようとしない方が多いのですが、現実的には創業当初は赤字になりがちです。

つまり現預金がどんどん減っていきます。

現預金が減っていけばいくほど、創業融資であっても調達は難しくなります。

まずは、日本政策金融公庫とどこかの金融機関を窓口に保証付融資をできるだけ多く取りましょう。結果が出ていないうちに集めてしまうのです。

本当に必要なくなったら返せばいいだけですが、前述のようにプロパー融資が出てくるのは基本的に設立から3期が終わった後です。

その期間は創業融資の枠の中で戦うしかないのです。そうであれば、まずは最大限の調達で、実績をつくる。その後の調達も当初実績が大きいほど効果があります。

金利が高いという理由で消極的になる方もいますが、資金が回らなくなって融資が取れなくなった場合に借りるところの金利はもっと高いです。

「もう創業して何年も経ってるから関係ないよ」とおっしゃる経営者の方も多いかと思いますが、創業融資は、たとえば子会社をつくって社長を誰かにやってもらうといったようなグループ化の戦略をとる際にも利用できるので、財務戦略上、頭に置いておいたほうがいいでしょう。

図-11 創業融資

日本政策金融公庫と保証協会を利用する

借りられるだけ借りる!

創業融資は、子会社をつくるなどのグループ化の戦略をとる際にも利用できる。

②複数行同時調達

設立から3期以上経って、プロパー融資をしてもらえるような財務体質になってきたら、一気に現預金を集めることができます。

複数行から一斉に、同時に調達してしまうのです。

この方法を使うには、「運転資金」としてプロパー融資を引き出す必要があります。「設備資金」の場合は、前述のように、設備と紐づけになってしまいますので、過剰に調達することができません。

一方、運転資金の使途は自由ですから、使途を問われず調達ができます。集め方はシンプルです。

前にも説明したように、融資に積極的な金融機関（支店）に決算書3期分を渡し、運転資金でのプロパー融資が可能かと聞いていくだけです。

業種や業態などによって、運転資金の必要性の説明の仕方はさまざまですが、理由が付かない場合には、

「年度資金分の調達を御行からしたい」

「成長傾向にあるため、運転資金を持っておきたい」

「絶対に潰れない会社をつくりたいから、現預金をきちんと持って経営したい」

といったような理由をつけます。

金融機関が貸したい会社・決算書であれば、向こうがなんらかの融資する理由をつくってくれることも多いので、とにかく多くの金融機関にあたってみましょう。

たとえば、年度資金が2000万円必要な場合、普通はどこかの金融機関に2000万円お願いして調達するのですが、それをたとえば5行同時におこなうのです。そうすると2000万円×5行で1億円集まります。

まず、会社を守れる現預金を保有する状態をつくってしまうときの基本的な戦術です。

ただし、プロパー融資でなく、保証付融資ですと、保証協会にすべての情報が集まってしまい、必要以上に現預金を集めることができませんので、なんとかプロパー融資が出る財務体質をつくることが大事といえます。

このように複数行からプロパー融資で調達することで、金融機関同士を競わせることができます。具体的な方法は次節で詳細にお伝えします。

図-12 複数行同時調達

年度資金が2000万円必要な場合、5行同時に行う

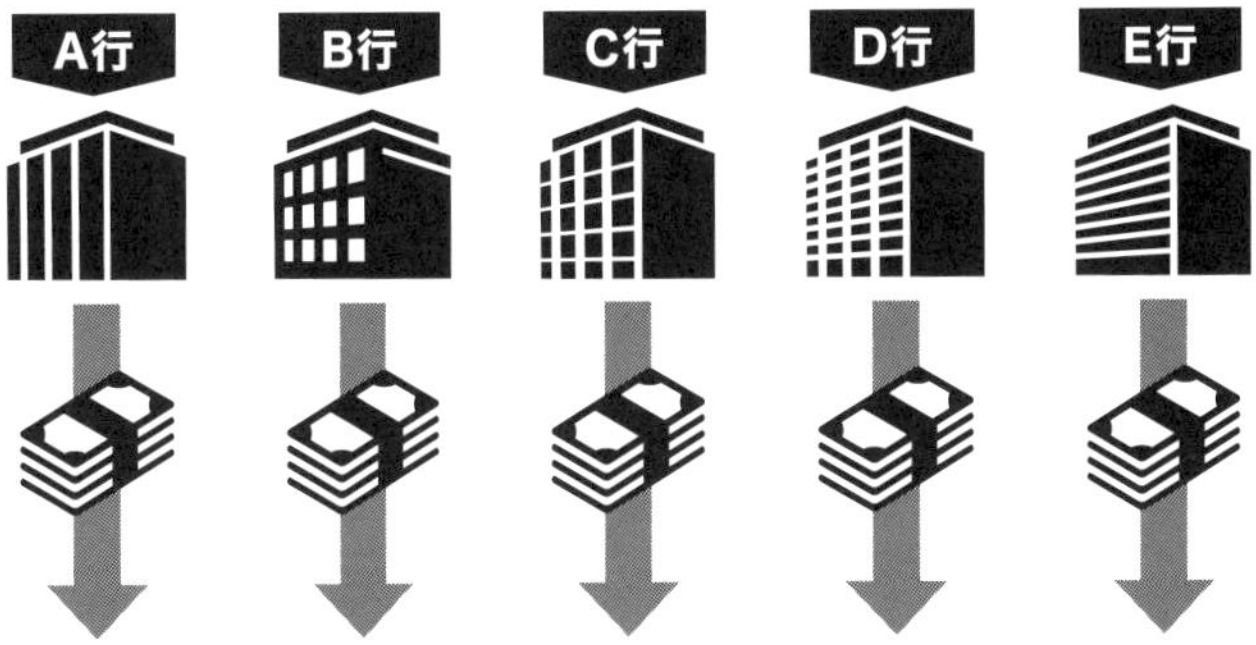

2000万円×5行=1億円

保証付融資の場合、保証協会にすべての情報が集まってしまい、必要以上に現預金を集めることができない

✔ **会社を守れる現預金を保有する状態をつくってしまうときの基本的な戦術。**

---

③折り返し融資と借り換え

金融機関から調達をすると、毎月返済がはじまりますので、徐々に借入残高が減っていきます。

たとえば、2000万円を5年で借りた場合、1年間の返済額は400万円ですから、2年経つと800万円返していて、残りが1200万円になっています。

このように返済が進むと、「折り返し融資」といって、当初の借入金額くらいまでなら借りなおすことができるケースが多いです。

800万円を別契約で追加融資してもらうこともありますが、一般的には1200万円を返して2000万円借りるという契約で、実際には増加分の800万円が入金されるというパターンです。

このように、複数行から運転資金でプロパー融資が出ている状態をつくってしまえば、当初の調達額までは、また借りられるということです。

その意味でも、複数行からの運転資金のプロパー融資は非常に重要です。

ただし、折り返しのときに無理やり保証付にしようとしたりする銀行もありますので注意してください。

複数行で調達をしながら、残高が減ってきたところを確認し、今後もきちんと取引してくれそうな金融機関であれば、折り返し融資で調達し、現預金残高を増やすという方法を取ります。

今一つきちんと取引する気がなさそうだったり、すぐに保証付を提案するようであれば、他行への「借り換え」を検討してもいいでしょう。

たとえば、「A銀行の残高が減ってきているので、折り返しの提案が来ているのですが、御行での借り換えはできないだろうか?」と聞いて新規行を開拓するのです。

さらに、借り換えとは言っても、他行への返済が融資する条件でなければ、返さずに折り返し融資も同時に進めてしまって現預金残高を厚くしてもいいでしょう。

図-13 折り返し融資

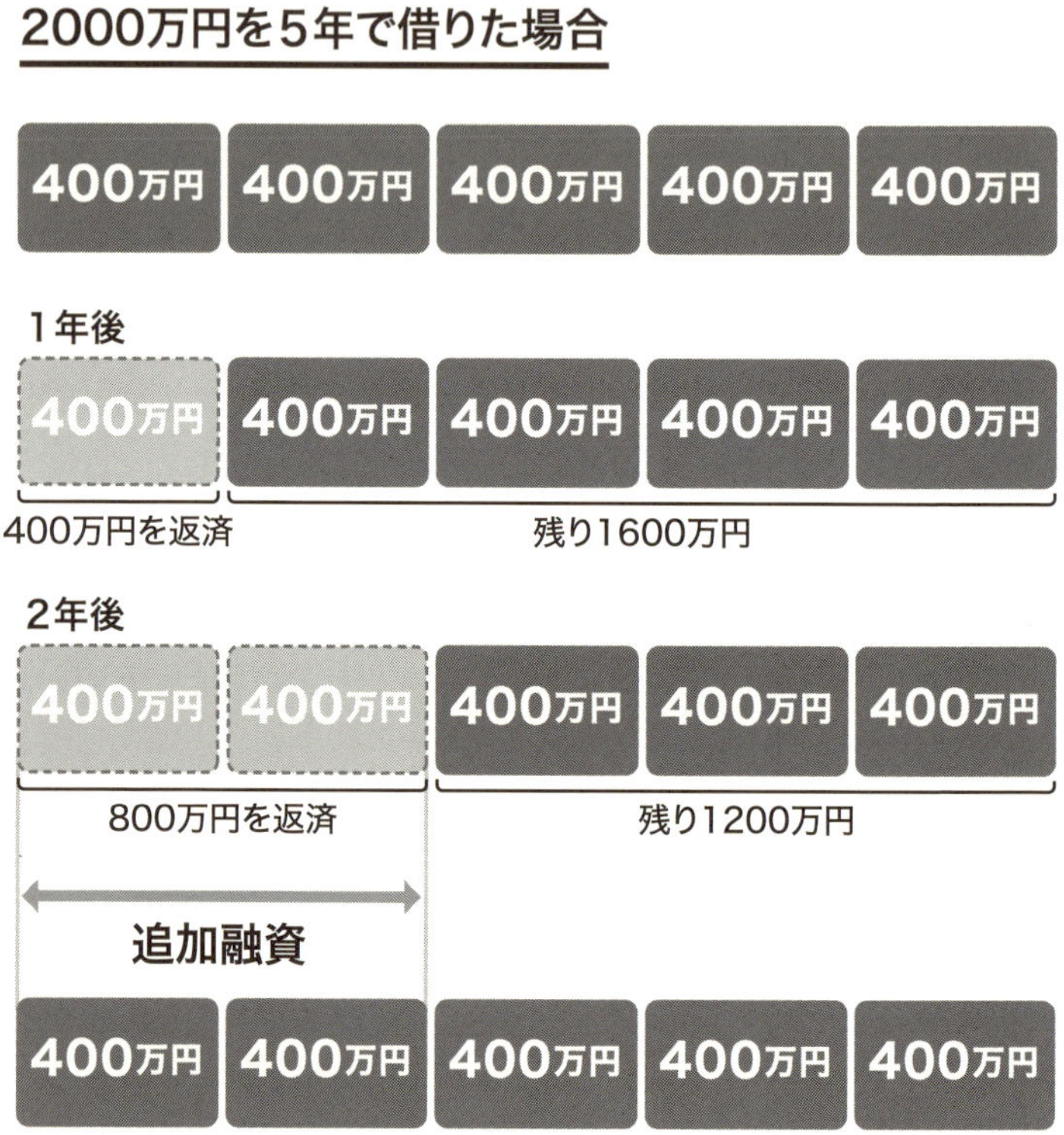

増加分の800万円が入金されることになり、当初の調達額までは、また借りられる。

複数行を競わせろ！

複数行からプロパー融資を受けられる状態ができれば、自然と金融機関同士が競い合ってくれます。交渉というよりも、勝手に金融機関同士が気にしてくれて、よりよい条件を出してくれるイメージです。

A銀行が何か条件を出してきたら、B銀行に聞けばいいのです。

たとえば、A銀行から私募債を勧められて、いいのか悪いのか分からなかったら、B銀行の担当者に「A銀行に私募債が絶対にいいと言われているんだけど、どう思います？」と聞きます。すると、「利益がはじめに確定するため、銀行員としては成績のためにやりたい案件ですね。できればうちにやらせてください」といったような本音を聞くことができます。

もちろん銀行員の成績はこちらには関係ないですから、私募債にメリットがあればやればいいと思いますが、そういう背景を知ると判断が変わる可能性もあります。

一番分かりやすいのは、金利です。

「他行のほうが頑張ってくれてるんだけど、もう少しなんとかならないか？」という話はしやすいと思います。

少し話はそれますが、そもそもみなさんの会社のプロパー融資での調達金利を、他行は知りません。

それなのに銀行に提出する税務申告書に添付する勘定科目内訳書というものの借入一覧のページに丁寧に書いてくれている税理士が多いのですが、調達レートが相当低くない限りは不利に働きますので、書かないことをお勧めします。

ただし、金利の問題は最後でいいです。

そもそも今は、これだけの低金利で調達できる調達天国のような時代ですから、競い合わせても金額的なメリットはそこまで大きくないはずです。

たとえば、1000万円借りて金利を0・5％下げてもらっても年間約5万円です。パーセンテージではなく金額で考えましょう。

郵便はがき

料金受取人払郵便

渋谷局承認

6817

差出有効期間
2023年12月
31日まで
※切手を貼らずに
お出しください

150-8790

130

〈受取人〉
東京都渋谷区
神宮前 6-12-17
株式会社ダイヤモンド社
「愛読者係」行

フリガナ		生年月日				男・女
お名前		T S H	年	年齢 月	歳 日生	
ご勤務先 学校名		所属・役職 学部・学年				
ご住所 (自宅・勤務先)	〒 ●電話 (　　　)　　●FAX (　　　) ●eメール・アドレス (　　　)					

◆**本書をご購入いただきまして、誠にありがとうございます。**

本ハガキで取得させていただきますお客様の個人情報は、以下のガイドラインに基づいて、厳重に取り扱います。

1, お客様より収集させていただいた個人情報は、より良い出版物、製品、サービスをつくるために編集の参考にさせていただきます。
2, お客様より収集させていただいた個人情報は、厳重に管理いたします。
3, お客様より収集させていただいた個人情報は、お客様の承諾を得た範囲を超えて使用いたしません。
4, お客様より収集させていただいた個人情報は、お客様の許可なく当社、当社関連会社以外の第三者に開示することはありません。
5, お客様から収集させていただいた情報を統計化した情報（購読者の平均年齢など）を第三者に開示することがあります。
6, お客様から収集させていただいた個人情報は、当社の新商品・サービス等のご案内に利用させていただきます。
7, メールによる情報、雑誌・書籍・サービスのご案内などは、お客様のご要請があればすみやかに中止いたします。

◆ダイヤモンド社より、弊社および関連会社・広告主からのご案内を送付することがあります。不要の場合は右の□に×をしてください。　不要 □

①本書をお買い上げいただいた理由は？
（新聞や雑誌で知って・タイトルにひかれて・著者や内容に興味がある　など）

②本書についての感想、ご意見などをお聞かせください
（よかったところ、悪かったところ・タイトル・著者・カバーデザイン・価格　など）

③本書のなかで一番よかったところ、心に残ったひと言など

④最近読んで、よかった本・雑誌・記事・HPなどを教えてください

⑤「こんな本があったら絶対に買う」というものがありましたら（解決したい悩みや、解消したい問題など）

⑥あなたのご意見・ご感想を、広告などの書籍のPRに使用してもよろしいですか？

1　実名で可　　2　匿名で可　　3　不可

※ご協力ありがとうございました。

金利のパーセンテージで競わせるくらいであれば、振込の手数料だったりインターネットバンキングの利用料だったり、細かく取られているコストを競わせて削減したほうがよいです。

それよりも、**調達力を上げるために金額や期間で競わせていくべき**です。

他行がプロパー融資で1000万円までであれば、そこが基準になってしまうので、なるべく大きい額をプロパー融資で調達し、他行がそこまで大きい金額を融資するほど評価しているという状況をつくるべきです。

期間も同様です。金融機関から言われるままに短い期間、たとえば3年で設定してしまうと、他行も3年で合わせてきます。

3年の借入ですと返済ピッチが早いですし、金融機関からの評価も低いと思われてしまいます。

金額、期間ともにどこか1行に突破してもらうことが大事です。

どこかがやれば他行は徐々に付いてくるはずです。もし付いてこられない金融機関があれば外れてもらい、新規行から調達すればいいのです。

連帯保証を外せ！

連帯保証人がいる状態での借入が多額になると、不安も大きくなると思います。借入をしたら、最終的には連帯保証を外していきましょう。

まず、会社の経営に関与していない人（第三者）が連帯保証人になっていないかを確認します。

今では、経営者以外の連帯保証を求めないのが一般的ですが、、昔の融資にそのまま第三者の連帯保証が残っている可能性があるので、チェックしてみてください。

もし第三者の連帯保証が残っていたら、借り換えをして連帯保証を外してしまいましょう。

そして、いよいよ経営者自身の連帯保証を外していきましょう。

２０１４年2月に適用開始された中小企業庁と金融庁による「経営者保証に関するガイドライン」は、経営者の個人保証について、会社と個人が明確に分離されていて、会社に十分な利益・財力がある場合などには、経営者その他の保証は求めないとしています。既存の保証債務も全て見直すとなっており、非常に力強いガイドラインです

具体的には、以下の項目がガイドラインに対応しているか確認していきます。

①会社を私物化していないか？

会社と個人の財布をきちんと分ける必要があります。

前述のように、社長貸付金のある会社はまず対象になりません。また、個人的な経費を会社の経費にするといった、公私混同している場合は対象になりません。

可能であれば、役員会をきちんとおこない、外部専門家の監査役や非常勤役員が監査する体制をとり、ガバナンスを強化したほうがよいでしょう。

②財務状態や今後の収益性は安全か？

基本的には、債務者区分が正常先でなければ厳しいです。過去3年間黒字でこれからも

黒字で推移し、返済に問題がないと判断される必要がありますが、明確な金額の基準があるわけでもなく、金融機関側に外す義務があるわけでもないので、やはりこちらからガイドラインに対応していることを主張して交渉していくしかありません。

③事業計画・見通しを含む財務状況が正確に開示できるか？

事業計画を策定したり、月次決算を早期に適切におこない、金融機関に定期的に報告をおこなうことができる体制をつくる必要があります。金融機関から月次の試算表を求められて数か月前の試算表を出しているようでは難しいです。

可能であれば、こちらも外部専門家のチェックを入れることで信頼性を高めたほうがよいとされています。

連帯保証を外してもらう交渉も、金額・期間同様に複数行の中からどこか1行に突破してもらうやり方が有効です。

ある会社で社長の連帯保証を外したときの話です。

まずメインバンクに「そろそろ連帯保証を外してもらえませんかね?」と話をしたところ、「なんで連帯保証を外したいんですか? ちゃんと返せているし問題ないじゃないですか」と言われてしまいました。

「会社のガバナンスはしっかりしていますし、財務状態も良好な経営をしているのであれば、個人の連帯保証がなくても支援していただけるはずですよね。きちんと返せると思っていただいているのであれば、個人の保証はいらないんじゃないですか?」とお話ししましたが、厳しそうでした。

他の金融機関にも同様のお願いをしたところ、2行から「たしかに財務状態もいいし、利益も安定しているので大丈夫だと思います」と言っていただき、個人保証なしの契約への変更をしてもらいました。

そこでメインバンクにもう一度、「2行は個人保証を外してくれたのに、御行は外していただけないんですか? そうであれば、取引自体を考え直します」と話したところ、あわてて「うちも外しますので!」と言ってすぐに対応してくれました。

「担保がないと厳しいですよ」とまったく取り合ってくれない信用金庫もありました。

そこで、「うちは社長の連帯保証はしないんだけど、支援してくれますか?」と新規行を探し、その条件でプロパー融資をしてくれる地方銀行への借り換えをおこない、連帯保証を外してくれなかった信用金庫へは全額返済し、すべてのプロパー融資に社長の連帯保証が付いていない状態になりました。

このようにして、複数行を競わせながら、自社のことをきちんと支援してくれるところに絞り込んでいくことで、金融機関の言いなりにならずに会社や社長を守ることができます。

連帯保証を外すのは、はじめは難しいかもしれませんが、「どうすれば外してくれるのか？」「財務状態がどれくらいになればいいのか？」など、きちんと話をしながら、外してもらえる条件に近づける財務状態をつくっていくべきです。

社長の連帯保証を外してもらえる財務状態になっていれば、自然と金利は下がっているはずです。金利は最後でいいといったのはこういう意味もあったのです。

金融庁も担保や保証依存主義から脱却させる指導方針ですので、経営者保証は今後徐々に減っていく方向になるでしょう。

第3章

お金の相談は、税理士にするな！

節税対策のウソ・ホント

税理士はお金の専門家ではない！

「お金のことは全部税理士さんに任せています」

そのように言う経営者の方をよく見かけます。毎月試算表を持ってきて数字の打ち合わせをしているから、お金の専門家のように感じるのでしょう。

しかし、税理士はお金の専門家ではありません。税金の専門家です。お金のこと、財務のことを知っているかどうかと税理士資格はまったく関係がないのです。

そもそも税理士試験というのは、会計2科目（簿記論・財務諸表論）と法人税法か所得税法の必須3科目のほかに、相続税法・消費税法または酒税法・国税徴収法・住民税または事業税・固定資産税の中から2科目受かればいいという制度になっています。

このほかに、例外的に大学院での研究内容によっては、博士号または修士号を取得すると試験科目を一部免除されたり、国税ＯＢと呼ばれる課税庁での勤務期間に応じて試験科目を一部免除される制度があったりといろいろややこしいのですが、皆さんの顧問税理士は、どういう経緯で税理士資格を取得したかご存じでしょうか？

一度確認してみることをお勧めします。税金の専門家といっても酒税法と国税徴収法を合格した税理士に相続税の相談はしたくないですよね？

もちろん、実務経験が豊富であれば問題ありませんが、単純に税金の専門家といっても人によって知識・経験がバラバラなのです。

でも、「会計の勉強をしたんだから、お金のことが分かるんじゃないの？」と思う方もいらっしゃるかもしれません。

ここで、「会計」と「お金＝財務」の違いについて整理してみましょう。

「会計」は過去の取引を整理するものです。会社の請求書や領収書を整理して、資産・負債・損益と仕訳をして利益を算出します。税理士さんとの打ち合わせも先月はああだった、こうだったと過去の話が中心ではないでしょうか？

一方、**「財務」は過去ではなく未来の話**です。どう調達して、どう投資して、どう回収するか？　どうすればお金がショートせずに経営ができるか。会社のお金についていえば、この観点が一番重要です。先月の試算表を見ても、見えてこない世界です。

この財務の世界は税理士の試験勉強では出てきません。特に国税ＯＢは公務員だった人ですから、調達・投資・回収とはほど遠い人たちです。

専門外の人たちにお金の相談をするから、会社の財務状況が悪くなるのです。

特に損益計算書（Ｐ／Ｌ）ばかりを見て打ち合わせをしている税理士は要注意です。税理士は税金計算の専門家です。税金はＰ／Ｌに出てくる利益から計算します。

「売上がいくらで、経費がいくらで、利益がいくらになるから税金がどれくらいになります」といったような打ち合わせですと、会社にとって一番重要な現預金の話になりません。現預金は貸借対照表（Ｂ／Ｓ）に出てきます。Ｂ／Ｓは税金計算には関係ありませんから、あまり説明されないことが多いです。しかし、財務はＢ／Ｓの世界なのです。

Ｂ／Ｓには現預金残高・調達・投資・回収のすべての情報が入っていますから、きちんと現在を把握し、将来の計画を考えるベースとしなければいけません。

もう一つ、Ｐ／Ｌにない概念が時間軸です。

ある会社から「このままいくと資金がショートしそうなんですけど、どうしたらいいですか？」と相談を受けました。

売上が順調に伸びていたのですが、売掛金の回収が月末締めの翌々月入金と2か月サイトなのに、仕入れの支払いは月末締めの翌月末払いと1か月サイトだったため、売上が伸びれば伸びるほど資金が苦しくなっていたのです。

まずは回収のサイトの交渉をしてもらいました。1か月サイトにしたかったのですが、なんとか15日締めの翌月末入金と45日サイトまで持ち込みました。

一方、支払いは翌々月払いにしたかったのですが、さすがに難しかったため、逆に仕入れをおさえ、在庫をなるべく持たないよう徹底的にコントロールしました。

これでなんとか資金が回るようになりましたが、この情報はＰ／Ｌにはまったく載ってきません。

なぜならサイトの変更によって売上は1円も増えてないし、経費は1円も減っていないからです。まったく同じＰ／Ｌになるのです。Ｐ／Ｌだけを見て経営していると順調に売上が上がっているいい会社に見えますが、時間ごとに区切るとヤバかったというよくある事例です。

会社を潰したくなければ、B／Sと未来への時間軸を経営者自身がきちんと把握する必要があるのです。

図-14 「会計」と「財務」の違い

「会計」とは、過去の取引を整理するもの

会社の請求書や領収書を整理して、資産・負債・損益に仕訳をして利益を算出する

「財務」とは、過去ではなく未来の話

どう調達して、どう投資して、どう回収するか、どうすればお金がショートせずに経営ができるかを考える

専門外の人たちにお金の相談をすると、会社の財務状況が悪くなる！

決算書は嘘をつく

もっともそれ以前に、Ｐ／Ｌの数字そのものも信用してはいけません。多くの中小企業のＰ／Ｌは税金計算に都合がいいものになっています。

たとえば、車を買ったときに何年で減価償却するか会社がきちんと決めているでしょうか？

税理士に何年で減価償却するか任せていませんか？

税理士は税法で決まっている年数で減価償却の計算をしますが、本来はその会社が何年車を使うかで償却する期間を決めていいのです。でもそうすると、税金計算が面倒くさいので税法に沿った処理をされてしまっているのです。

売上の計上時期についても同じことが言えます。出荷したときに売上にするのか納品したときに売上にするのか、会社で判断して決めていいのです。

とくに建設関係やソフトウェア関係の場合、完成したときに売上にするのか、進行段階で売上にするのかで利益はまったく違ってきます。でも税法のルールを会計のルールのようにされてしまっているため、「よく分からないけど税理士が言うから……」と言って、「まあそういうもんか」と流している経営者が多いように感じます。

しかし、そのよく分からない会計処理の結果として完成する決算書をもとに、銀行は評価するのです。

よく分からないけど赤字になっていたとしたら、よく分からなくても赤字の評価しかされないのです。

結果として、資金調達できず成長が遅れたり、資金がショートしそうになったりする会社を何百社も見てきました。皆さん口をそろえて、「税理士に任せていたんですけど……」と言いますが、それでは手遅れになります。

また、B／Sについても、きちんとマネジメントする必要があります。

期末に大きい投資をするときは、期末の決算書に与えるインパクトも考えなければいけません。

税理士はP／L思考ですので、減価償却費を少しでも多く計上できたほうがいいから、期末までにB／Sに載せて償却したいと考えます。

しかし、たとえば3月決算で、3月に設備投資や出店などの大きな投資をする場合、投資と調達はB／Sに載ってしまうのに、今期の売上や利益はほとんど変わらないでしょうから、P／Lに対して重たいB／Sになってしまう可能性があります。

決算直前の投資は翌期に回して、決算書に投資も調達も載らないような財務戦略をとり、決算書をマネジメントすることも事業拡大には必要になってきます。

また、第2章でも述べたように、決算月をいつにするかによって見栄えが変わってきますが、戦略的に検討している税理士はほとんどいません。

「前からそうだったから」「設立が○月だったからその1年後」といった程度で重要性に気付いていません。

先日お会いした経営者は、顧問税理士が忙しいからその事務所が一番暇な8月決算に変えるように言われたそうです。

冗談みたいな話ですが、そういう視点から改めて国税庁の統計情報を見てみると11月と1月決算が3％台と非常に少ないことに気付きます。

「11月決算は1月が申告月で、会計事務所は年末調整や法定調書などと重なり忙しいからか」「1月決算は3月が申告月で、個人の確定申告と重なり忙しいからか」と疑ってしまうようなデータになっていて、会計事務所の都合で決算期を決められているんじゃないかと思ったりもしますが、偶然であることを祈ります。

いずれにしても、会計事務所のいいなりにならず、自社の決算をいつにすれば現預金残高が多く見えるのか、決算書の見栄えがよくなるか、真剣に検討すべきです。

決算月の2か月後に納税があるから、一番お金を持っている月の2か月前を決算月にしたほうがよいという税理士もいますが、納税資金なんて借りればいいのです。

決算書は嘘をつきますが、現預金残高は嘘をつけない。そうであれば、現預金が多い月を決算月にして決算書にいい嘘をつかせましょう。

社長の給与はどう決める？

多くの中小企業のP／Lを信用してはいけない最も大きな理由は、「役員給与」にあります。特に社長の給与です。

社長の給与が1億円で利益が0円の会社と、社長の給与0円で利益が1億円の会社はどちらも実質的には同じです。でも利益は1億円違います。

社長の給与によって、P／Lは大きく変わってきます。もちろん銀行はその辺を加味しながら評価をしていきますが、みなさんは社長の給与をどのようにして決めているでしょうか？

税理士に相談をすると、まず税率の話をされると思います。社長の給与には個人の所得税がかかります。個人所得税の税率は5～45％と徐々に高くなるようになっています。これに住民税も10％かかりますので最大で55％の税金がかかることになります。

一方、法人税の実効税率は約35％ですから、個人に払いすぎると税金が高くなってしまうので会社と個人のトータルでの税金がもっとも少ないように、所得税の税率が法人税の税率を上回るところまでは社長の給与を出しても損はしないといった具合です。

でも、そもそも会社と社長は別人格です。当然財布も分けるべきです。そうであれば、社長個人のライフプランを考えないで社長の給与をどうやって決められるのでしょうか？

生活費がいくらかかって、海外旅行には年に何回行って、子供の教育資金はどれくらい必要で、いくつで引退して、退職金をいくらもらって、あるいは会社をいくらで売却して、老後はどのような生活をどれくらい続けたいのか……といった試算をしたうえで、今いくら役員給与をもらえば、その生活をしていけるのかということを決めていくしかありません。税率の問題ではないのです。

皆さん1円でも税金が安いほうがいいと思っているため、ついつい税法というものにがんじがらめになってしまいますが、税金が高いからといってやりたいことができなければ本末転倒です。

本当に税金が安いほうがいいのであれば、人生で払う税金のことを考えたほうがいいと思います。

給与で高い所得税を払うのではなく、社長の給与は最低限にし、どこかのタイミングで株式を第三者に売却して売却益を得られるようにすれば、税率は20％で済みます。または退職金でとれば通常の税率の約半分になります。

相続するまでにお金を使い切れば相続税はかかりません。

目先ではなく、**ライフプランを考えていくことで、どのように長期的に必要な資金をつくっていくかを考えることができる**ので、ぜひ挑戦してみてください。

経営者は生命保険に入るために経営しているの？

経営者のライフプランと関わりが深いものとして、「生命保険」があります。

ライフプランに関しては、もしかしたら、顧問税理士より保険のライフプランナーと打ち合わせていることのほうが多いかもしれません。ライフプランを検討し、万が一のときのために、会社や家族を守る保障としての生命保険は必要ですし、とてもよいと思います。

しかし、実際には、中身をよく理解せず、付き合いで仲のいい保険屋さんに言われるがままに保険に加入したとか、決算のときに顧問税理士に「節税になるから」と言われて入っている経営者がほとんどです。

特に税理士に勧められた場合は要注意です。

会計事務所によっては保険代理店をしていることがあり、お客さんとの間で保険の契約が成立すれば、保険会社から手数料がもらえます。税務顧問料が低価格化している時代に保険の手数料収入は非常に大きいため、会計事務所の本命商品である可能性もあります。お客さんの節税のためといいながら、内実、ノルマや儲かる商品を売ることもあるのです。とくに経営者が財務に疎ければより売りやすいという判断をしてもおかしくありません。

期首に事業計画をつくって「利益を出すぞ！」と言って頑張っていらっしゃるのに、決算が近くなると税金を払うのがもったいなく感じて、生命保険に加入して利益を減らして節税する、という生命保険に入るために経営しているかのようになっている会社をよく見ます。

そもそも現在の積立型の保険商品のほとんどは半分が経費になって半分が資産計上ですから50％しか経費になりません。法人税率が35％だとすると、50％の35％、つまり払った金額の17・5％しか税金が減らないのです。

たとえば、１０００万円の保険料を払ったとして減る税金は１７５万円、残りの８２５万円は会社からお金が出て行ってしまうのです。

「いや、でも積立だから、20年経てばほぼ100%戻ってくるでしょ?」と言われますが、20年間ずっと利益が出続けて、かつ法人税率が変わらなければ、という大前提が抜けています。

変化の早いこの時代に本当にそんなことが可能でしょうか? また、20年後に戻ってくる解約返戻金は利益になってしまいますので、経営者の退職金を出すことで相殺するプランが一般的ですが、これも退職金の低い税率が20年後も変わらなければという前提です。あまりに不確定要素が多すぎます。

さらに、保険商品の設計書に書いてある法人税率は中小企業の実効税率に比べれば高いことが多いので、注意してください。

また、80%以上のお金を毎年、社外流出していくわけですから、それ以上の利益が出ていないと払えなくなるわけです。節税ばかりに頭がいくと、どんどん保険料が大きくなり、会社の利益ではまかないきれず、借りたお金で保険を払っているのに、それに気づかない経営者が非常に多いです。

他にも、節税ではなく、経営者に何かあった場合に借金が返せるように、掛け捨ての保険に入ったほうがいいという意見もよく聞きます。もちろん、本当にそうなった場合には、承継する経営者が楽なのは間違いありません。

しかし**借入は、会社が継続するために必要な現預金を確保するためや、投資をするために必要なものですから、会社の収益で返していく**のが前提です。

経営者に何かあったからと言ってすぐに回収されるわけではありませんから、入るとしても最低限の収益を立て直す期間の分の保険金が入れば十分です。会社規模が大きくなり、借入が増えるたびに、掛け捨ての保険に入っていたのでは金利よりも高い調達コストが発生することになります。

やはり「借入は怖い」という「錯覚」がこのような状況をつくっているのでしょう。

図-15 生命保険はなんのために入るのか？

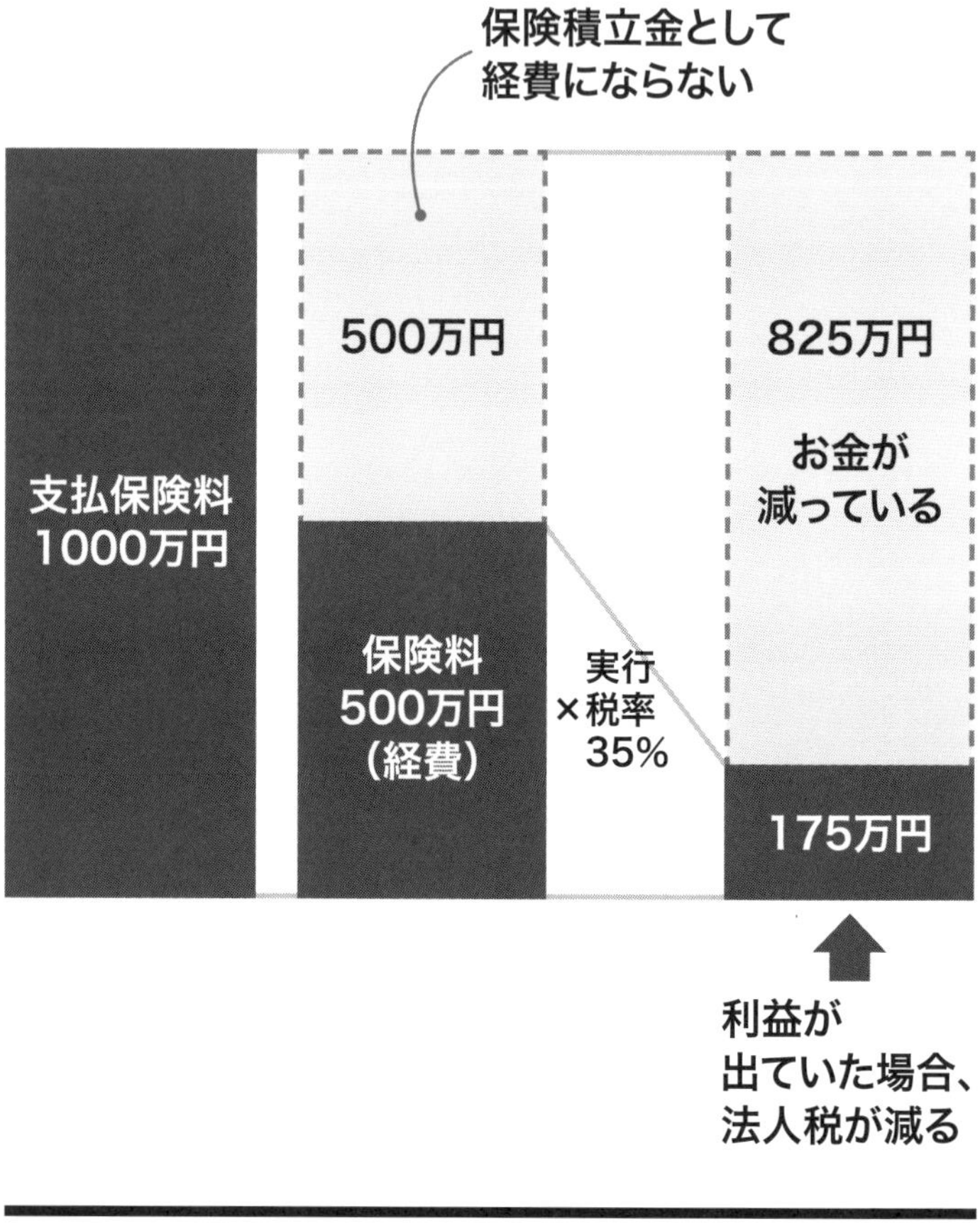

175万円の節税のために
1000万円使っている！

なんのために節税するのか？ 節税しないほうがお金は残る

生命保険のほかに、決算前になると、税理士さんに「利益が出すぎているから何か買うものはないですか？ 今期中に買ったほうが税金は安くなりますよ」といったアドバイスを受けることもあると思います。

はっきり言って無理やり考えて買うものなんてほとんどがいらないものです。必要ならそのときに買っているはずです。いずれ使うからといって、消耗品を大量に買ったとしても無駄遣いしてしまったり、経年劣化したりしてしまいます。

そもそも今期買っても来期買っても同じです。今期買ったら今期の税金が減り、来期買ったら来期の税金が減るだけです。

経営者が「節税したい」というのと、税理士が提案する「節税」には大きなズレがあります。

経営者が「節税したい」というのは、税金を払うとお金が減ってもったいない気がするから、なんとか「お金を残したい」という意味ですよね？

一方、税理士はお金の専門家ではありませんから「税金さえ減ればいい」という観点からお金が減ることに注目せず、とにかく税金を減らす提案をするのです。

生命保険もいらないものを買わされるのもお金が減ります。減ったお金以上に税金は減りません。経費になったお金の35％程度しか税金は安くなりませんから。つまり、**税理士に節税を依頼すると、「お金が減る」**のです。

節税している経営者の中で、「いくら節税できたか？」を明確に答えられる人はほとんどいません。

「なんとなくいろいろ対策したから減っただろう」という感覚だと思います。そして、気づいてないのは、それ以上にお金が減っているという事実です。

また、**節税して利益を下げたがゆえに、銀行からの支援が減る可能性があることにはもっと気づいていない**でしょう。

そもそも**節税といっても、ほとんどは「課税の繰り延べ」**です。今は税金が安くなっても、将来どこかで税金を払うことになります。

たとえば、航空機リースで今期1億円を経費にできたとしても、5年後にお金が戻ってくるときには利益になるので納税しなければいけないのです。納税したくなければ、また航空機リースに投資しなければならなくなり、負のスパイラルに陥ることになってしまいます。

基本的なことですが、法人税を払った後の利益だけが会社に残ります。税金を払わなければ、会社に利益は残らないのです。

会社に利益が残らないと銀行も応援してくれません。つまり、調達力が上がっていかないのです。

そうすると、いつまでたっても現預金を増やすことができず、資金繰りが苦しい状態が続くでしょう。節税せず、堂々と税金を払えば強い財務状態がつくれるのに、なぜ節税するのでしょうか。

それでもどうしても税金を払いたくないと思う経営者は、株主の立場として考えてみてください。節税すると会社に利益が残らないので会社の株価が下がるのです。意図的に株価を下げたい場合は別ですが、ご自身の資産価値を悪化させて何かいいことがあるのでしょうか。

無駄な節税はせず、銀行に応援してもらい現預金を厚くして、儲けていきましょう。**節税するために会社をつくったわけではない**はずです。

顧問税理士のスキルを見分ける3つの質問

「顧問税理士の実力が分からない！」という悩みをよく相談されます。

前述のように税理士になった経緯や実務経験はバラバラですから、なかなか一律に判断するのは難しいのが現実です。

ただし、以下の3つの質問に適切に答えられない税理士さんは少し問題があると思っていいでしょう。

・「お金を使わない節税を提案してくれませんか？」

生命保険などお金を使う節税をしてしまうと税金を払うよりもお金は減ります。

ではお金を使わない節税はないのでしょうか？　実は節税には3段階あります。

①お金を使って利益を減らす節税
②お金を使わず利益を減らす節税
③お金を使わず利益も減らさない節税

もちろん③が一番いいです。③の提案をできる税理士さんは信用できます。

一般的には②の節税まではできると思います。お金を使わずというのはすでに使っているものをいかに経費にして利益を減らすかというものです。

たとえば、資産に計上して長期間にわたって減価償却により経費にしなければいけないものを買ったときに、一括で経費化するなどの節税です。ただ、この方法をとると、利益が下がってしまいますので、財務的にはマイナスとなり、使うべきかどうかは検討が必要です。

一方、③のお金を使わず利益も減らさない節税は絶対にやるべきです。財務的にもプラスです。利益を減らさず税金を減らすのですから、税引き後の利益がさらに増えるからです。

その手段として「税額控除」という税制があります。一回経費になっているのにさらに税金計算のときにも一定の金額を引いてくれるのです。詳細は顧問税理士に聞いてみてください。

・「今年の税制改正でうちに役に立つことはありますか？」

毎年12月には税制改正大綱というものが発表され、翌年の税制改正の案が確定します。この段階で提案ができる税理士は非常に優秀だと思いますが、年末の忙しさでじっくり読み込めていない人が多いのが実情です。さらに経営者が税制改正について聞いたとしても、漠然と答えられると、理解できないことが多いと思います。

そこで、「御社」に影響があることを聞いてみましょう。クライアント思いの税理士であれば、「この改正はあの会社に影響があるなあ」など知識としてではなく、実務レベルに落とし込んで考えてくれるはずです。

「御社に関係ある改正はありません」と言われてしまったら、「では大きい改正はどういうことでどういう会社にどういう影響があるのですか？」などと、きちんと勉強されているかどうかを確認したほうがよいと思います。

・「税務調査が来ないようにできませんか？」

税務調査は絶対に来るものだと思っていませんか？　実は「書面添付制度」といって決まった書面を添付した場合には、税務調査が省略される可能性がある制度があります。書面添付されている申告書が提出されている場合には、税務調査をおこなう際の事前連絡の前に、書面添付した税理士に、その申告内容について意見を聴取しなければならないのです。

この事前の意見聴取で問題がなければ税務調査は省略されます。

ただ、この書面の作成が面倒くさいので、この事実を伝えていない税理士が多いです。

ぜひ、顧問税理士に聞いてみてください。税理士は税金の専門家です。税に関するメリットは最大限得られるよう専門家を有効活用してください。

第4章

儲ける会社がやっている6つのこと

お金で困っている企業が意外と知らない対策

投資は小さく、回収は早く、調達は大きく！

皆さんの会社の貸借対照表（B／S）は、どのような構成になっているでしょうか？

B／Sの説明を簡単にすると会社のある時点での財務状態をまとめた表で、右側は「調達」、左側は「運用」を表しています。

まず、右側の調達ですが、他人資本（負債）と自己資本（純資産）に分かれています。右側を見ると、どこから調達しているかが分かります。右上から流動負債・固定負債・純資産の順に並んでいます。

流動負債は短期の調達です。買掛金や短期の借入金、未払金などが並んでおり、すぐに出て行ってしまう調達です。

次に固定負債ですが、1年以上借りっぱなしにしていい調達が載っています。銀行からの長期借入金がメインになりますが、今年は返済しない分です。つまり、流動負債より固

図-16 B／Sは、運用と調達で構成されている

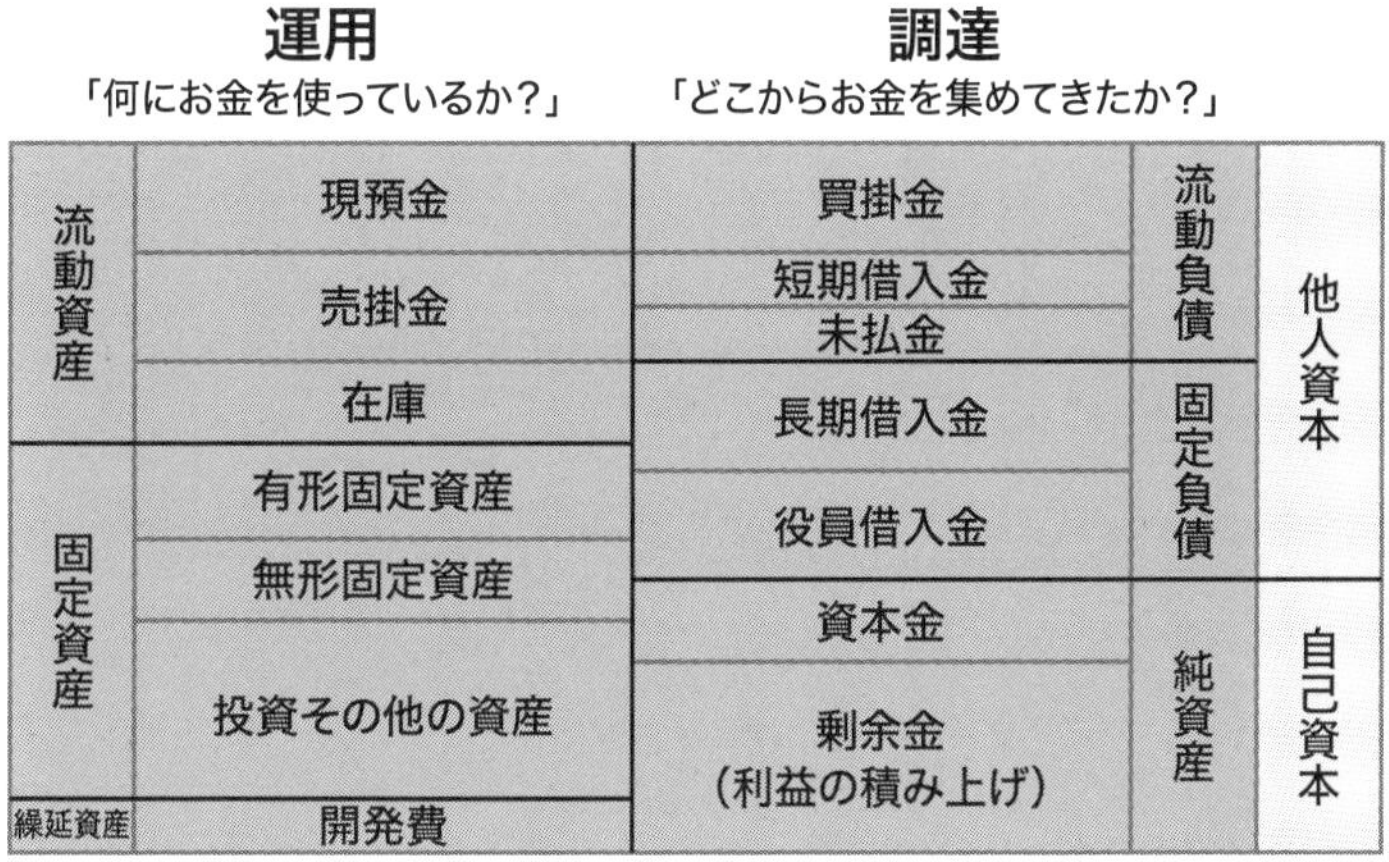

定負債の多い会社のほうが、現預金の減りが少ない分、強い会社になります。

一番下の純資産の部が、B／Sで一番理解しにくいと思いますが、簡単に言うと資本金と会社が今までに稼いできた会計上の利益の積み上げです。

資本金は、会社を始めるのに準備したお金ですので、返す必要がない自己資本というイメージができると思います。

会計上の利益の積み上げは、設立から現在までの損益計算書（P／L）の税引き後当期純利益を全部足した数字になります。

ここでポイントとなるのが、「税引き後」の利益の積み上げですので、節税ばかりして、利益を出さず法人税をあまり納めてい

ない場合、純資産は薄いままになってしまいます。

つまり、**きちんと利益を出して、法人税を納めている会社だけが、純資産を厚くしていける**のです。

もちろん、この**純資産が多い会社が一番強い会社**です。きちんと投資を回収できている会社だからです。

純資産が厚ければ厚いほど、銀行からの長期の調達はしやすくなります。

逆に純資産が薄く、資本金よりも減ってしまっている場合、回収がまったくできていないわけですから、銀行の評価は悪くなります。

第2章で述べたように、純資産がマイナスの会社は債務超過と呼ばれ、基本的にプロパー融資は出ません。資産より負債のほうが大きくなってしまった会社ですから、危険な会社と判断されます。

とにかく純資産の部を厚くする。そのためにきちんと利益を出していくことが重要になります。

右側を整理すると、下側が大きければ大きいほど強いので、目指すべき形は図－17のような三角形になります。

図-17「調達」の三角形

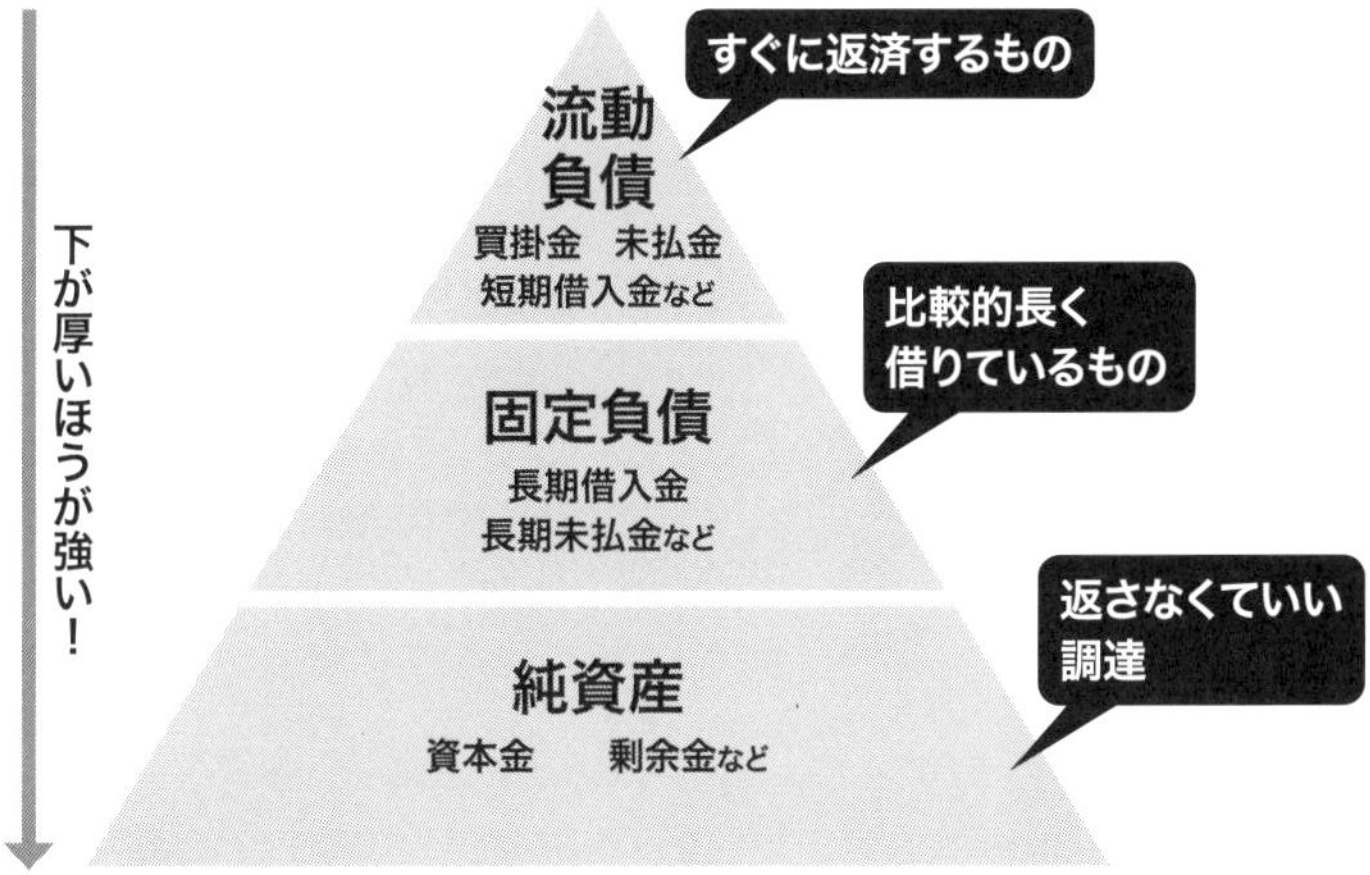

一方、左側を見ると調達したものの運用方法が分かります。左の上から流動資産・固定資産・繰延資産と並んでいます。

流動資産はまず現預金、それからすぐに回収できる資金である売掛金や在庫などが並んでいます。

その下に固定資産が有形固定資産、無形固定資産、投資その他の資産の順に並んでいます。固定資産とは、1年以上現金化されず、長期にわたって使える資産です。

有形固定資産は形がある固定資産で、建物や車、機械などがあります。

無形固定資産は形のない固定資産で、ソフトウェアや営業権などがあります。

投資その他の資産は、有形固定資産と無形固定資産以外のもので、株への投資や、長期の貸付、保険積立金などがはいります。

固定資産を見ると、その会社が何に投資しているかが分かります。

特に有形固定資産はその会社の特徴が出ます。たとえば、製造業ですと、工場や機械装置などが大きくなるでしょうし、飲食店ですと店舗の内装や設備などが大きくなります。

その他節税で買った車なども有形固定資産に載ってきます。

注意しなければいけないのは、投資その他の資産への投資が大きくなっていないかということです。

たとえば、節税で入ったつもりの生命保険も資産計上部分が保険積立金として、投資その他の資産にはいってきます。

固定資産に計上されるものは長期投資になりますから、きちんと調達しないといけませんが、投資その他の資産にその資金が回っていて、収益を生み出していないものが多くなっていないか注意が必要です。

固定資産の下には、繰延資産というあまりなじみのない資産があります。

繰延資産とは、すでに支払っている費用のうち、その効果が将来にわたって利益を生む

図-18 「運用」の逆三角形

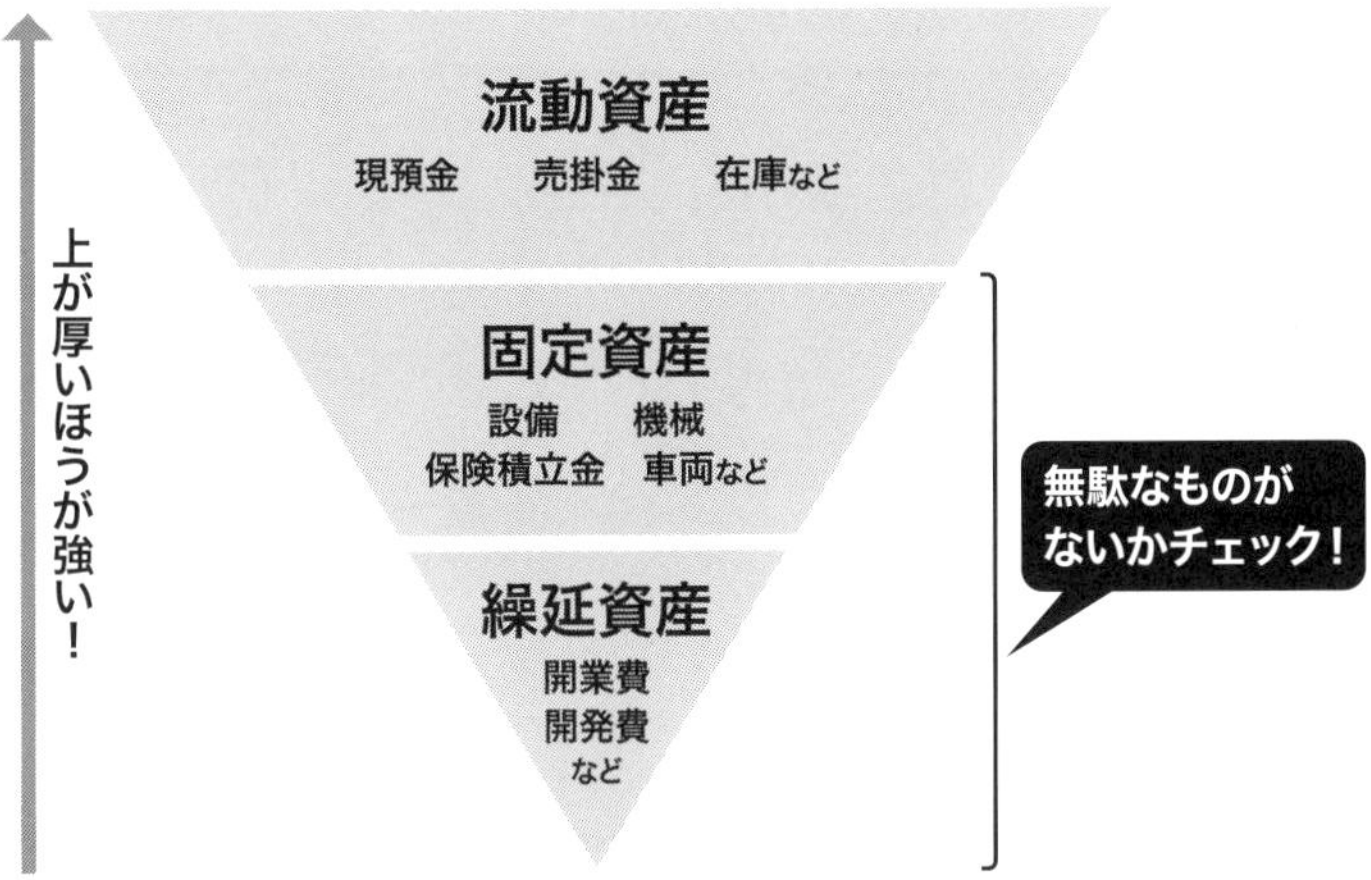

もののことで、開業費や開発費などがあります。資産にはなっていますが、換金価値はありませんので資産とはみてもらえない場合もあります。

この固定資産・繰延資産といった投資部分が重いと、せっかく調達した資金が寝てしまっている状態のため、なるべく軽いほうが強いB／Sといえます。

つまり、右側の調達とは逆に上側が大きければ大きいほうが強く、目指すべき形は図－18のような逆三角形になります。

すべての命である現預金は、左の一番上ですから、上が大きいほど強いことは一目瞭然です。

強いB／Sをつくるには、まず回収を早

図-19 儲かる会社に変わるサイクル

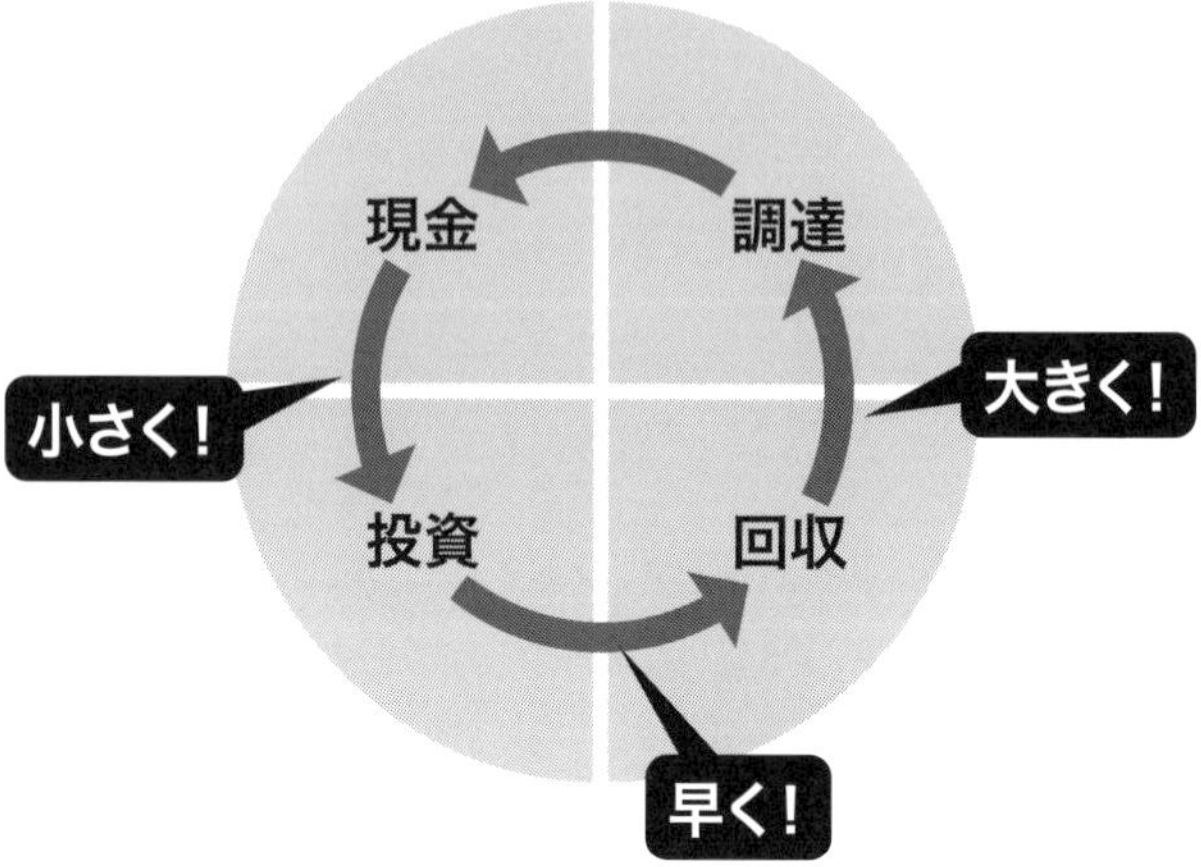

くし、税引き後の利益をきちんと出して、純資産の部を厚くする。

すると、右側の長期の銀行調達がしやすくなり、調達額が伸びます。調達額が伸びると現預金が大きくなり、投資しやすい環境になります。

さらに**なるべく投資額を小さくすることにより、現預金を持った安定した経営ができる**ことになります。

これが財務戦略の基本になります。

1 手元資金を厚くする！

B／Sの左側を逆三角形にするということは、手元資金を厚くするということです。B／Sの右側を三角形にするためには、純資産を厚くすることが一番ですが、やはりこれには時間がかかります。

そこで、純資産が薄いうちは、純資産の一つ上の長期の銀行借入を厚くし、手元資金を厚くする戦略をとることになります。

まずは何があっても潰れないようにすることです。

ある製造業の会社で、メインバンク1行から投資に合わせた調達だけをしていたところがありました。

業績はいいのですが、手元資金が薄いため、当座貸越をしたり、受取手形を割り引いてもらって資金繰りをしたりするなど苦労されていました。

製造業ですので、固定資産の投資が多く、左側が三角形になってしまい、長期の調達は頑張って返済していたので、逆に右側が逆三角形になってしまっていたのです。

「やはり投資が大きい商売は大変だよ……」と嘆かれていました。

「社長のところだったら銀行も支援してくれるはずだから、他の銀行からも支援してもらえばいいじゃないですか」とお話ししたところ、「いや、うちは先代のときからずっとメインバンクにお世話になってるから……」とおっしゃっていましたが、「では、なぜ社長が資金繰りで苦労されているのに、融資の提案をしてくれないんですかね?」と聞くと、「たしかに……」と納得され、複数行から長期の運転資金を入れることにしました。

決算書は悪くないので、5行から2000万円ずつ長期の運転資金を支援してもらい、手元資金を一気に1億円増やしました。89ページの図-12のようにです。

当然、当座貸越も手形の割引も必要なくなりました。

その状況にメインバンクはかなりあわてて、「金利を引き下げるので、うちからもぜひ借りてください」と頭を下げてきました。

その後、B/Sの改善がだいぶ進み、他行も金利を引き下げてきたため、今では当初の金利の半分の利率になっています。

さらに、借入金利に比べて相当高額な手形の割引料もなくなりましたので、トータルでのコストも下がりました。

手元資金が厚いため、資金繰りを気にする必要がなくなり、ムダな労力・コストを減らし、安定した経営をすることができています。

また、手元資金を厚くすることにより、投資チャンスを逃さないというメリットもあります。

とくに飲食店の場合、いい物件の情報は不動産業者に流れる前に決まってしまうことがよくあります。

とにかくスピードが重要なのです。

手元の資金が少なく「銀行から借りられるかな?」などと考えているうちに、ほかに押さえられてしまいます。

投資のチャンスを逃さないことです。投資スピードを上げ、企業規模を拡大していくためにも手元資金は非常に重要です。

図-20 手元資金を厚くする!

手元資金の薄い会社

課題

メインバンク1行のみの調達で、
手元資金が薄い

対策

他の銀行からも支援してもらう

結果

金利条件が良くなり、
手元資金を増やせた

3大メリット

- 何があっても潰れない
- 資金繰りを気にしなくてよいため無駄な労力・コストが減る
- 投資のチャンスを逃さない

2 納税を嫌がらない！

納税の重要性は何度も述べてきましたが、強い財務体質をつくるため、儲ける中小企業は絶対に納税しています。

3年ほど前に「次の出店をしたいんだけど、銀行が貸してくれないんですよね……」と悩んで相談にこられた飲食店の社長がいました。

3店舗で売上2億円くらいの会社でしたが、利益がなんと10万円しか出ていませんでした。

「なんでこんなに利益が低いんですか？」と聞くと、「いや、税金を払いたくないじゃないですか。なので、なるべく経費で落としています。あ、実は現金の売上も少し抜いてます……」

出店時のコストをなるべく経費で落としていたので、利益水準が低くなっていました。現金売上を抜くのは重加算税の対象なので、絶対やめるように言いました。

「だから借りられないんですよ。あれ？　保険も結構入っていますね？」

やはり保険による節税をしていて、なんと年間1000万円以上払っていました。

強い財務体質をつくるため、まずは保険をやめさせました。

「今やめると損しちゃうから嫌ですよ」とだいぶ抵抗されましたが、これでは保険を払うためにビジネスをしていることになるし、純資産で払えていない部分は、結果として借入で払っているバカバカしい状態だということに気づいてもらい、解約に応じてもらいました。

次に、経理規程の見直しを図り、粉飾決算にならない範囲でなるべく資産計上できるような会計処理へと変更するとともに、無駄な経費なども削ってもらい、全力で利益を出す方向に踏み切りました。

結果、利益も1000万円ほど出るようになりましたが、決算が終わったら、「やっぱり税金を払いたくないです」と抵抗されました。

「納税しないと借りられないですよ。じゃあもう出店やめますか？」と納税後の利益でしか純資産が厚くならず、純資産を厚くしないと調達力が伸びないので、規模拡大ができないことを説明し、なんとか納得してもらいました。

やはり、納税に対する抵抗感が強い中小企業が多いですが、調達力が欲しければ理解してもらうしかありません。決算を終えて、複数行を回りました。

飲食店としての実力は高かったので、節税をしなければとても利益が出るポテンシャルを持っていたわけですが、利益もどんどん出てきて、純資産も厚くなり、強い財務体質がつくれて当初借りられなかった運転資金も借りられるようになりました。

納税をすることで調達力は上がるのです。結果として3年で売上は10億円と5倍になり、銀行も10行から5億円を支援してもらい、店舗数も5倍になりました。

今後が楽しみな会社ですが、今になって「やっぱり、あのとき納税してよかったです！」と分かってもらえました。

さらに、投資を加速していけます。

図-21 納税を嫌がらない！

3店舗で売上2億円くらいで、
利益がたった10万円の会社

課題

出店をしたいのに
銀行が借してくれない

対策

経理規程の見直し
無駄な経費を削減し利益を出す
納税し借入を増やす

結果

3年で売上5倍・店舗数5倍

3大メリット

- 純資産が厚くなり強い財務体質がつくれる
- 調達力が上がる
- 投資をさらに加速できる

3 FCで事業拡大する！

財務戦略上、重要になってくるのが、**「いかに投資を抑えるか」**です。

たとえば、直営店の出店のみで拡大していくには、ずっと投資と調達を続ける必要があるため、相当強い調達力を保ち続ける必要があり、途中から難易度が高くなってきます。

そこで検討したいのが、フランチャイズ（ＦＣ）です。

ＦＣとは、ＦＣに加盟する人が、ＦＣ本部からお店の看板やサービス、商品を使う権利をもらい、その対価をＦＣ本部に支払う仕組みです。

ＦＣ加盟店は、ブランド力や運営ノウハウなどを開店初日から活用できるメリットがあります。商品や収益モデルといったノウハウが他社にはマネできず、ＦＣ加盟店が素人であってもしっかり収益が出せるビジネスモデルがＦＣにしやすいです。

トレンドに左右されないビジネスモデルだとさらにいいです。

最近では海外展開も視野に、ＦＣ展開している会社も多くなってきました。

ＦＣであれば、出店にかかる投資をＦＣ加盟店側が負担するため、こちらは投資がかからず現預金が減りません。

さらに、加盟金をもらうように設計することで、まるまる利益になるお金が入るため、財務状態が一気に改善する可能性があります。

たとえば１００店舗を目指している会社は、何年で達成したいのかと、直営でどれだけ出店できる調達力があるのかをシミュレーションして、足りない分はＦＣで補う戦略が必要になってきます。

また、毎月一定の金額が入るストック型の収入もきちんと視野にいれ、ロイヤリティをとるのか、商材に利益を乗せるのかなどの検討もするのが一般的です。

赤字になっても、その赤字は加盟店のものなので、リスクが低いです。

ただし加盟店が赤字になるようなきつい条件で始めてしまうと、のちのちもめて、看板維持のために買い取りを余儀なくされるような事態になることも多いので、ＷＩＮ－ＷＩＮの関係を心掛けたほうがいいです。

強い業態がつくれたときに、一気に拡大できるため事業拡大のスピードが速いのもＦＣの強みです。

たとえば、３年で１００店舗以上展開しているチェーン店の直営店は数店舗だったりします。

これは、完全に財務戦略を分かっている事例です。

はじめからＦＣ展開で全国制覇する戦略で一気に拡大しているため、投資は非常に軽く、回収はものすごく速いのです。

図-22 FCで事業拡大

直営店のみの展開で
投資がかさんでいる会社

課題

直営店のみの場合、
投資と調達を続ける必要があり、
強い調達力を保ち続けるのが困難

対策

FCで拡大することにより
出店にかかる投資を
加盟店側が負担するため、
投資が必要ない

結果

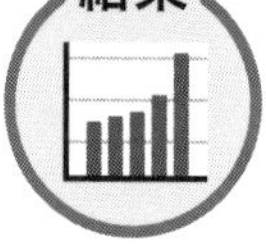

投資は軽く、回収が速い

3大メリット

- キャッシュを減らさない
- リスクが低い
- 事業拡大のスピードが速い

4 業務委託でリスク低減する！

独立起業の意思がある人のほうが優秀で仕事も頑張ってくれる可能性が高いですよね。ただ人材不足のこの時代、最終的に独立されてしまうと困るという相談をよく受けます。

独立意欲の高い社員を引き留めていてもいつかは辞めてしまうことが多いでしょうから、一つの解決策として、**業務委託契約にし、優秀な人材を確保する**という手もあります。

雇用契約から業務委託契約へ変更し、結果を出せば出すほど稼げる仕組みにすることで、独立しなくてもいい状態をつくれるかもしれません。

また、当然事業がうまくいかなければ、リスクの多くは業務委託先が被りますので、リスクヘッジもできます。

それでも最終的に独立したいというのであれば、まずは創業融資の重要性を理解してもらいます。

独立意欲があっても、自己資金を貯めていないと創業融資が借りられず、不安定な形での独立になってしまいますので、まずは**自己資金を貯めるように業務委託で頑張らせ、調達力をつけさせる**のです。

特に店舗系ビジネスであれば、店舗を買い取ってもらう資金を創業融資で調達させるのです。

業務委託の形式はいろいろありますが、多いのは、売上は本社に入金させ、仕入れ代金と家賃「＋α」を回収した後の資金を業務委託費として支払う形です。

先に入金させ、回収リスクがほとんどないようにしておくのです。

こちらは、「＋α」の部分で投資回収に十分な金額が固定で残ります。

また、売上もこちらに付いているため事業規模を維持しながら、運営のリスクを移転することができます。

この形で創業融資が取れるような資金を何年かで貯めさせて、店舗を買い取ってもらうのです。

理想形としては、3年間直営で出店の投資を回収し、その後、業務委託でもう1回転分の投資を回収、最終的に減価償却が終わったような店舗を、当初の投資額に近い金額で売却すれば、6～7年で3倍の投資回収ができることになります。

社員の独立をマネジメントすることで投資回収をさらに早めることができるのです。さらに、**FCになってもらえば、その後もロイヤリティなどを回収することができる**ので、非常に有効な財務戦略といえます。

図-23 業務委託契約に切り替える

優秀な人材が残ってくれないと
悩んでいる会社

課題

優秀な人材が独立してしまう
人材不足に悩んでいる

対策

業務委託契約にする
のちに、店舗を買い取ってもらう

結果

通常よりも早く投資回収ができる

3大メリット

- 優秀な人材を確保する
- 優秀な人材に調達力をつける
- 最終的には独立させることでさらに回収する

5 子会社を太らせる！

優秀な人材の独立を防ぐために、業務委託ではなく、子会社の社長にしてしまってもいいかもしれません。

事業内容がいくつかに増えてくると「別会社をつくろう」と思われる方も多いと思います。事業ごとに会社を分けておくことで、会社の売却がしやすくなるメリットがあります。優秀な社員を子会社の社長にして、責任感を持って仕事をしてもらうためにも有効です。

たとえば、「資本金も用意してあげるし、全部自由にやっていいよ。でも、利益の5％は残すような経営を頑張っていこう！」と自由に経費を使わせるといったような自由度の高い設計をして、やる気を出させるのも手です。

役員給与も自由に決められ、交際費も自由に使えるので、頑張るでしょう。

ただ、残した利益の5％は株主である親会社のものです。

毎年5％持ち株の株価が上がっていくことになりますので、子会社をどんどん太らせることでグループ株式として資産形成ができます。

資金が必要なときや、親会社の財務改善のために、配当として吸い上げてもいいでしょうし、誰かに株を譲渡してしまい、一気に現預金をつくることもできます。

所有と経営の分離をきちんと理解しているからこそ取れる戦略です。

ただし、子会社設立の際に注意しなければいけないことは、子会社をつくることによって、親会社の決算書を悪化させないようにすることです。

特にもともとの事業を複数に分割し、親会社がホールディンクスのような形態をとるときは、相当注意が必要です。

本体である親会社の売上や利益が大幅に減少し、銀行の評価が一気に下がる可能性があるからです。

節税のために会社を事業ごとに分けてしまった社長から、「銀行が急に貸してくれなくなった」と相談がありました。

子会社を3社つくって事業を移して、各社とも法人税の税率が低い800万円以下の所得になるように考えたらしいのですが、もともとの親会社の売上が子会社からの業務委託収入しかなくなってしまい、売上が5億円から1億円以下に減ってしまっていたのです。

もちろん利益水準も4分の1になってしまっています。

「これでは、子会社の実績がつくまで借りられませんよ。すぐに親会社に売上が入る仕組みに変更しましょう！」と提案し、子会社に分割した売上をすべて親会社に戻し、逆に子会社に一部の業務を委託している形をとり、業務委託料を支払う仕組みに変更し、なんとか次の決算では、親会社の売上規模を戻すことができ、無事調達することができました。

ただ利益水準は子会社の利益分下がってしまっていますので、結局は合併するのがベストだという結論になってしまっています。

会社を増やすということは、1社の財務状態を何社かで分けることになりますので、基本的には財務状態が悪化します。そもそも小規模な会社のステージではやるべきではありません。

既存事業を分割して子会社を設立するのであれば、せめて、親会社にきちんと売上が入り、利益が残るように設計して子会社をつくっていく必要があります。

また、子会社での調達をおこなう際の連帯保証人をどうするかも注意が必要です。代表取締役である子会社の社長が連帯保証にとられるケースがほとんどです。責任感を持たせるためにはいいのでしょうが、最悪のケースを考え、グループの中で何人も連帯保証人にされる状態は避けたほうがいいかもしれません。

その場合、たとえば、代表取締役会長として代表権は親会社の社長が持ち、取締役社長として子会社の社長を置き、連帯保証を避けるという方法をとることができます。

図-24 子会社を太らせる！

事業内容が
いくつかに増えてきた会社

課題

優秀な人材を経営者として
責任感を持たせたい

対策

優秀な社員を子会社の社長にし、
自由度を上げて利益を出してもらう

結果

配当や株の譲渡でお金をつくれる

3大メリット

- 責任感を持った優秀な人材を育てる
- グループ株式として資産形成をおこなう
- 事業ごとに会社を分けておくことで売却がしやすくなる

⑥ M&Aで時間を買う！

事業規模を一気に拡大させるため、企業買収はもはや一般的になりました。

後継者不在問題から、企業買収はさらに増えてきます。とはいうものの、買収資金をすぐに調達するのはまだハードルが高いです。

特にシナジーのある異業種への進出はみなさん考えるところですが、銀行は実績がない投資にはネガティブになる可能性が高く、調達に時間がかかってしまうケースがあります。

また、いい案件は足が速いため、やはりここでも手元資金が潤沢な会社がいい案件を押さえることができます。

買収の方法ですが、基本的には、株式を丸ごと買う「株式譲受」か、事業だけを買う「事業譲受」の2パターンになります。

事業譲受の場合は、契約関係をすべて自社に書き換えていかなければいけないため、工数がかかり、作業は煩雑になります。

また、従業員も一度退職してから、自社へ就職という形をとるため、退職リスクが上がるというデメリットもあり、そういった実務上の問題から株式譲受の方法をとることが多いです。

ただ、事業譲受の場合、事業に関連する資産と負債を自社に取り込めるため、財務状態のよい会社の買収であれば、自社の財務状態がよくなる可能性があります。

さらに、売上や利益も取り込めるため、企業規模を拡大するために有効に働くケースもあります。

一方、株式譲受の場合、あくまで子会社株式となりますので、買った金額がB／Sの投資等に載るだけです。また、その会社に隠れた負債がないかなど十分な調査が必要になります。ちなみに、P／Lにはまったくインパクトはありません。

売上と利益を取り込みたければ、株式譲受後に合併するという手もあります。

どちらが自社の財務戦略上有効かを考えて選択すべきでしょう。

買収検討の際に、P／Lの収益性に注目しがちですが、意外と注目していないのが、買収する会社側での調達余力です。

自社の調達が限界になっている場合など、買収する子会社で調達したほうが楽な場合があります。

財務戦略を考えていない企業がほとんどですので、調達力があるのに、長期の銀行借入を増やしていないことが非常に多いです。

ある会社の買収をお手伝いしたときもまさにそんな状況でした。

「社長、この会社を買収した後に、複数行から1億円くらい集められると思いますよ。そしたらこの会社の調達力で新規投資をできるかもしれませんね」と提案しました。

社長は、ただその会社を買ってそのまま運営を続けていくだけのつもりでいましたから、驚いてさらに買収に熱が入りました。

結果は1億円程度調達でき、もともとの会社がやろうとしていた投資を、買収した子会社でおこなうことができました。

買収資金以上の資金調達ができ、グループ全体の手元資金を減らさずにすんだという事例です。買収先の調達余力は、意外に注目されていないので、買収検討の際はチェックしてみると面白いかもしれません。

図-25 M&Aで時間を買う！

企業の拡大戦略を図りたいが、
買収資金が潤沢でない会社

課題

企業規模を大きくしたい！

対策

買収先の調達余力を使う

結果

グループ全体の手元資金を減らさない

3大メリット

- 事業規模を一気に拡大できる
- シナジーのある異業種へ参入できる
- 買収先の会社の調達力を利用できる

結局お金がお金を生む！

資金繰りがカツカツの介護施設の運営会社の支援をしたことがあります。お会いしたとき、現預金は数十万円しかありませんでした。

「資金繰りが本当に厳しい。毎月給与の支払いができるか不安で仕方ない」と嘆いていました。

決算書を拝見すると、やはり債務超過。顧問税理士がとにかくできるだけ経費にしてしまう方のようで、開業時のコストをすべて費用で落としてしまったことが大きな原因でした。

初年度の赤字は１０００万円以上です。

資本金は１０００万円あったので、初年度ですべて使ってしまった感じです。

介護施設の投資は創業融資で補っていましたが、なんと2施設目を手元資金と身内からの借入で始めてしまっていました。

「いや銀行に行ったら、まだ次の融資は早いと言われて」と、なんとも大胆な決断をしたものです。

その銀行の言っていることが財務的には正しく、売上に比して投資が非常に重くなってしまっていました。

債務超過で、創業間もないこともあり、この決算書では、銀行もなかなか貸してくれません。

さらに、介護報酬は2か月後に入金されるので、どうしても運転資金が必要なのですが、銀行から運転資金が借りられないので、資金繰りが追い付かない状況が続いていました。

足元の損益は黒字になっていたので、まずは資金繰りを改善するために、介護報酬を譲渡し、先にお金をもらってしまう方法でなんとか乗り切りました。

ただ、この状態を続けてもずっと短期の借入をし続けているような状態ですから、まだまだ危険です。

どうしても収益をさらに向上させる必要があり、社長は「次の施設を出してもっと利益を出します！」と鼻息が荒かったのですが、施設を出すにはさらに投資が必要です。

今の売上でこれ以上の投資は危険と判断し、「社長、今は待ちましょう。既存の施設の利益を最大化することに専念してください」と説得し、時間をかけることにしました。

なんとか長期の銀行借入ができるよう投資をいったん抑え、債務超過を脱するような決算書に改善しました。

少し時間はかかりましたが、利益を出して、債務超過ではなくなった決算書ができてくると、保証付融資ではありましたが長期の借入をすることができました。

まだ手元資金は手厚くありませんから、投資をなるべく抑える形で3施設目を出し、慎重に利益を出していきました。

翌年の決算書は、繰越利益がプラスになり、さらによい状態になったため、5行から5年の融資を2000万円ずつしてもらい、過剰投資しすぎないように手元資金を残しながら、慎重に経営してもらいました。

もともと経営力のある方だったので、訪問看護のような投資のかからないビジネスモデルを取り入れ、一気に拡大を進めていきました。

結果5年で売上はなんと10倍以上に伸びました。

手元資金も1億円以上と当初では考えられない厚さになり、ガンガン投資して攻められるようになりました。

時間はかかりましたが、**手元資金を厚くする戦略が、投資を加速させ、さらに成長できる環境をつくっていった**のです。

手元資金を増やすことに専念しなければ潰れていたかもしれません。手元資金が厚くなってからの成長スピードは目を見張るものがありました。

やはりお金がお金を生んでいくのです。

第5章

潰れそうな会社でも、なんとかなる！

合法的に企業再生で成功したノウハウ

リスケジュールはこんなに簡単だ！

「銀行が追加融資をしてくれなくて資金が回らなくなりそうです」

決算書を見ると、ギリギリ黒字でしたが、売上が3億円ほどの会社なのに売掛金が1億円もありました。

「社長、売掛金の回収サイトってどれくらいですか？　月商の4か月分、売掛金があるんですが、粉飾してませんか？」と聞くと、「顧問税理士に相談したら、黒字にしていれば借りられるからなんか調整をしてくれて」と税理士任せに粉飾をしていたのです。

こんな分かりやすい粉飾をしたうえに、粉飾した売上5000万円の消費税400万円も払っていましたから、借入できなければ資金繰りも回らないはずです。

「銀行に借りるには納税しなきゃダメだと言われて……」と手元の資金を集めてなんとか税金を支払ったものの、銀行から追加融資が出ずに苦しんでいました。

「こんな粉飾、誰が見ても分かります！　とにかく資金繰りが大事ですから、まずは銀行の返済を止めましょう！」と提案すると、「これから大きな売上が上がる予定があるんだ。コストも削減できるし、追加融資さえもらえれば、まだなんとかなる。だから頑張らせてくれ！」と抵抗されました。

やはり、皆さん、リスケジュールと聞くと、非常に嫌なイメージを持たれるようです。

でも、売上が上がっても、コストが下がっても、手元資金にプラスの影響が出るのは1、2か月先になります。

売上は通常、翌月の回収でしょうし、コストも翌月払いが多いでしょうから、資金的には1か月以上先の改善効果です。

とくに大きくコストダウンできることが多い従業員のリストラは、1か月前に通知をする必要がありますから、資金的には2か月先の支出を抑える効果しかなく、足元の資金繰りが急激によくなることは稀です。

もちろん、売上増やコスト削減による収益の改善は必須です。

ただ、資金の改善という観点からとらえると、それなりに時間がかかります。

改善の時間を稼ぐためには、資金を一気に増やしたいので借入をしたいところですが、リスケジュールの状態になったら、基本的には銀行から新規の借入をすることができなくなります。

銀行は雨の日に傘を貸してくれませんから。

新規の借入ができなくなることを怖がる社長が多いですが、**リスケジュールをする判断基準を「銀行からの新規の借入ができないこと」とすれば、怖いことはなくなります。**

むしろ借入ができない状態で、返し続けてしまうほうが怖いです。手元資金が減り続けてしまいますから。

借りられなくなったら、まずは早くリスケジュールしたほうがよいのです。

判断に迷っていると、その間に返済が進んでしまい、手元資金が減ってしまいます。資金がなくなってからでは、できることが減ってしまいますので、手元資金があるうちにリスケジュールするべきなのです。

当月から返済を止めてしまえば、その月から改善効果が出ますし、借入額が大きいほど、返済額も大きいので効果が出やすいのです。

「社長の会社は、月500万円を返済していますから、返済を止めれば、1年間で6000万円を調達したのと同じ効果です。この決算書では借りられないし、まずは返済を止めて収益を改善していきましょう。今期の決算ではすべて粉飾を解消しましょう」と提案し、納得してもらいました。

「粉飾分の消費税の支払いをしなければ……」とも嘆いていましたが、粉飾なんてするからこうなるのです。そもそもは黒字にしておけば借りられると粉飾決算をした顧問税理士にも大きな責任があります。

リスケジュールを決断しました。

次にやることは、一刻も早く返済を止めることです。

「でもそんなに簡単に止められるの？　銀行に怒られるんじゃないですか？」と怯えていました。

「もちろん粉飾していたので、普通にリスケジュールのお願いをするよりは怒られるかもしれません。でも殺されるわけじゃない。資金が回らなくなったら、会社は死んじゃうんですよ。とにかく早くお願いしましょう！」

やはり返済を止めることは不安なのでしょう。

しかし、返済を止めるとどういう状態になるのかを考えれば、不安は減ります。

銀行との金銭消費貸借契約書で、会社は返済期限の到来までは返済をしなくてもよいという「期限の利益」という権利を得ています。逆に期限が到来したら当然返済しなければいけません。

返済しなければ「債務不履行」となり、強制的に回収できる契約になっています。

ただし、現在はすぐに期限の利益を喪失させるのではなく、3か月は「延滞」として取り扱うようになっています。つまり、3か月間は元利を支払わなくても債務不履行にはならないようになっているのです。

その期間でリスケジュールをまとめるのですが、銀行の合意が取れたら契約を変更することになりますので、「契約条件の変更」になります。つまり、また期限の利益が得られるので強制的に回収されることはないのです。

本来であれば、事業再生計画をつくってお願いに回るべきでしょうが、月末の返済まで数日しかありませんでしたので、のんびりと計画をつくっている時間はありません。

いずれにしても、債務不履行にはなりませんので、とりいそぎ「リスケジュール依頼文書」「資金繰り表」「金融機関別取引一覧」の３つの資料だけ作成しました。

リスケジュール依頼文書には、

○月中　事業再生計画の策定
○月中　事業再生計画のご報告
○月中　金融機関債権者様からのリスケジュールへのご同意

とスケジュールを入れ、３か月の延滞期間を使ってリスケジュールをまとめていく作戦です。

まず、メインバンクを訪問し、事情を説明しながら資料を提出したところ、「粉飾のところはきちんと直して実態を示してもらわなければ困りますが、とにかく資金繰りが回らないなら仕方ないですね」と渋々ながらも了承してもらえたので、他の銀行も回り、了承してもらうことができました。

最初にメインバンクに行くのは、他行を回っても、「メインさんはなんて言ってますか？」と言われることがほとんどなので、まずはメインをおさえてしまうことが重要だからです。

なんとか交渉して月末の返済から止めることができ、手元資金の減少を防ぐことができました。

「こんなに簡単に返済を止められるんですね」と驚かれていましたが、「返済を止めるのは簡単なんです。ここから再生計画をつくって、実行していくのが大変なんですよ。幸い売上が上がる予定もありそうですし、頑張りましょう！」と事業再生計画の策定をはじめました。

図-26 リスケジュール依頼文書の例

20XX年●月●日

金融機関債権者御中

株式会社●●
代表取締役　●●

拝啓　貴金融機関におかれましては益々ご盛栄のこととお慶び申し上げます。また平素より弊社に格別のお引き立てを賜り、厚く御礼を申し上げます。

弊社は、20XX 年に設立し、＜事業経緯を記載＞●●に専念してまいりました。

貴金融機関の多大なるご支援のもと、売上も向上し●●……。しかしながら、＜不振理由を記載＞の売上の落ち込みや金融負債への対応に追われ十分な営業活動がおこなえていないこと等により、資金繰りが逼迫した状況にございます。

このような状況下において、現行の約定返済を継続することが困難な状況となっております。誠に勝手ではございますが、以下をご依頼申し上げます。

貴金融機関には 20XX 年●月末〜リスケジュールが成立するまで（20XX 年●月中目処）元本返済と利息支払いの猶予をお願いしたいと存じます。

正式なリスケジュールが成立するまでは、延滞扱いとなる場合もあるかと存じます。金融機関様によっては弊社顧客からの売掛金入金口座と諸費用の引き落とし口座、借入元本の返済・利息支払い口座が同じ場合がございますので、暫定的に元本返済・利息の引き落としを停止するご登録を頂ければと存じます。

貴金融機関に一時的に元本返済の猶予を頂いている間に、売上戦略の見直しによる売上高の向上、可能な限りのコストの削減など、実行の可能性の高い抜本的な事業再生計画（返済計画含む）を策定する予定です。事業計画の策定にあたりましては、外部の専門家による財務デューデリジェンスをベースにアドバイスを受けながら策定致す所存です。

尚、今後のスケジュールにつきましては、以下を考えております。

20XX 年●月中　外部専門家による財務デューデリジェンスの実施
20XX 年●月中　事業再生計画（返済計画を含む）のご報告
20XX 年●月中目処　金融機関債権者様からのリスケジュールへのご同意

貴金融機関を含め関係者の皆様から頂いてきたこれまでのご支援を真摯に受け止め、「存在意義のある企業」としての責任を果たすべく、不退転の覚悟で再生に取り組む所存です。何卒、弊社に対するご支援を賜りますようお願い申し上げます。

敬具

リスケジュールしたら1円も返さない！

事業再生計画では、一般に事業悪化の原因分析や今後の改善の施策と効果予測、改善後の貸借対照表（B／S）・損益計算書（P／L）・キャッシュフロー計算書（C／S）を正常先になるように作成し、各銀行ごとの返済計画を作成します。

では、リスケジュールしているときの返済計画はどのようにつくればいいでしょうか？

もちろん、返済額を限界まで抑えるべきです。**手元資金が一番減らないようにするには、1円も返さない**ことです。

「そんなことができるの？」とよく言われますが、リスケジュールになったら手元資金をいかに減らさないかが重要です。

最低1年間は返済をしない計画にしましょう。利息の支払いさえすれば、1〜1・5年は元本の支払いを止めてくれます。

もちろん銀行からは、「少しは返せるんじゃないの？」と返済を急かされると思いますが、言うことを聞いてはいけません。

どうせ**リスケジュール期間中は借りられない**のです。ただし、ずっと返せない事業計画をつくってしまうと、強硬策に出られる可能性もあります。

ポイントは、1年後には少し返済できるようになるような計画にすることです。

「1年後に返せるような利益が出てなかったらどうしよう？」と思うかもしれませんが、1年後には、また計画の見直しをして再度交渉というイメージでいいです。

正常に返済できる見込みが立つまでは、ギリギリまで返済額を減らすべきです。

なんとか頑張って返すよりは、定期的に事業計画の進捗状況を報告し、銀行との良好な関係を保ちましょう。

3か月に1回くらい事業計画と直近の試算表の比較を持っていき、足元の状況をきちんと報告します。

「どうせ貸してくれないのだから」と、そのまま放置しておくと銀行も不安になりますし、業績が回復せず、事業計画から乖離している場合、次の交渉が難航する可能性があります。

業績が回復し、少し返済できるようになってきたら、少しずつ返済していきます。

このときに注意しなければいけないのは、**「債権者平等の原則」**です。

つまり、各行とも同じ条件で返済していかなければいけません。

たとえば、ある銀行の借入残高が数万円と少額の場合、今後の交渉をしていく手間を考えると先に返してしまいたくなりますが、絶対にやってはいけません。

全行同じ条件でないと、まとまるものもまとまらなくなってしまいます。

返済方法は、銀行ごとのプロラタ返済、つまり返済原資となる金額を決めて、それを各行の借入残高に応じて按分して返済していく方法をとります。

プロラタ返済には、残高プロラタ返済と信用プロラタ返済があります。

残高プロラタ返済は銀行ごとの借入残高に応じて返済割合を決めるので非常にシンプルです。

一方、信用プロラタ返済は、設定している担保評価額などを借入残高から差し引いた無担保部分の残高に応じて、返済額を按分する方法です。

どちらを採用すべきかは状況によりますので、各行と相談しながら進めていくことになります。

図-27 リスケジュールしたら、1円も返さない

ステップ1

銀行にリスケジュール依頼をし、延滞状態にする

すぐに返済を止めるため、リスケジュール依頼文書、資金繰り表、金融機関別取引一覧を用意し、延滞状態にする

ステップ2

延滞期間中に事業再生計画をつくる

業績悪化の原因分析や今後の改善の施策と効果予測をする。改善後のB／S、P／L、C／Fを正常先になれるよう作成する

ステップ3

全行の合意をとり、契約を変更する

すべての銀行に平等な返済計画をつくり、すべての銀行の合意をとる

晴れの日に借りていれば倒れなくて済む

調達力を上げて、借入残高を減らさないように折り返し融資などで借り続けているのは、リスケジュールと似たようなものです。

結局、どちらも返していない状態です。

もちろん借入ができるうちは借り入れたほうがよいですが、貸してくれなくなったら返さなければいいのです。

でも、預金を押さえられるんじゃないかとか、不安に思う方も多いと思います。

もちろん銀行はいい顔はしませんが、基本的には応じてくれます。

リスケジュールには慣れているので、淡々と対応してくれるケースが多いです。

普通預金を押さえられるようなことは、よほどのことでないとありません。

それでも不安であれば、入金口座は債権者である銀行以外にしておいたほうが無難かもしれません。ただし、急にお金を動かすと、不信に思われるので徐々に移しましょう。

一方、定期預金は事前に解約しておかないと押さえられるので、リスケジュールの交渉に入る前には、あらかじめ解約しておいてください。

そもそも定期預金などしないほうがいいのです。担保ではないといっても相殺されてしまいますから。

その他の担保の解除なども晴れの日にやっておきましょう。雨が降ってきたらこちらに有利な交渉はできません。


売上5億円ほどの会社で、現預金2億円と年商の半分近い現預金を持ちながらリスケジュールした案件があります。

銀行からはさすがに「まだリスケジュールしなくても、大丈夫でしょ?」と言われましたが、「これから業績が悪くなることが見えているんです。では乗り切るために新規で貸してくれますか?」とお願いしました。

答えは「ノー」でした。

「そうであれば、最低1年間は返済できません。その間にビジネスモデルをつくり直すので時間をください」とお願いし、なんとか各行の合意を取り付けました。

年商の半分近くの現預金を持ちながら、リスケジュールしたのは、売上の80％を支えていた大手からの案件がストップする事態が起きてしまったためです。

なんとか営業を頑張り、他の案件で穴埋めしながら、徐々に回復はしてきていましたが、半年後に手元資金は底を突きかけました。

リスケジュールの判断が1か月遅かったら倒産していたかもしれません。

以前から、絶対に潰れない現預金を持とうときちんと調達しながら経営していたので、これほどの事態でも乗り切ることができたのです。

必要なときに借りるという財務戦略で経営していた場合、売上80％減の危ない会社が急に半年分の資金を調達できるでしょうか？


先に調達していた場合は簡単です。

返さなければいいだけです。

やはり、**晴れの日に借りておかないといけない**のです。

時間軸をいじれ！

晴れの日にきちんと調達していなかったり、リスケジュールの判断が遅れたりした場合、返済を止めただけでは、改善まで資金がもたないこともあります。

その場合でもあきらめてはいけません。

なんとか売上を上げたりコストを下げたりすることに頭がいってしまいがちですが、業績の改善はＰ／Ｌの話です。

足元の資金を最大化することや、一日でも多く手元資金を持っておくことを考えなければいけません。

Ｐ／Ｌではなく、資金繰りを考えなければいけません。

①とにかく現金化！

まず、Ｂ／Ｓに無駄なものがないかを確認しましょう。

損をしてでもいいから売れるものがないか。

現預金が尽きなければいいのですから、売った損はＰ／Ｌには載りますが、この段階ではＰ／Ｌを考えなくてもいいのです。


現金化することが重要です。

在庫も片っ端からチェックしましょう。値段を下げて売れるものがあれば売ってしまいましょう。損が出ても資金が大事です。

「資金繰りが厳しい」という会社の相談を受けるときは、まずＢ／Ｓを隅から隅までチェックします。

「社長、このゴルフ会員権は売れないですか？」

「いや、これは接待で使うから」

「今はそんなことを言ってる場合じゃないですよ！　現預金が尽きたら会社は終わりですよ？　すぐに売ってください」

といった具合に不要な資産はどんどん処分してもらいます。

②税金・社会保険を遅らせろ！

次に支払いを遅らせることができないかを検討します。

取引先に迷惑をかけると事業継続に支障をきたすことが多いでしょうから、まずは税金と社会保険料の支払いを遅らせられないかを検討します。

今期、急激に業績が悪くなった場合に検討すべきなのは、中間納税です。

中間納税とは、事業年度の途中で、前払いで今期の税金を納税する制度です。

前年の法人税と消費税をベースに、税務署から納付書が送られてきますので、そのまま払わなければいけないと勘違いしている方が多いのですが、実は、中間決算をして、税務署に申告をして納税するのが原則です。

ただ、中間決算をするのに手間がかかるため、前年ベースで納税することによって、申告したとみなしているのです。

会社の資金繰りが悪くなっている場合、前年より利益が出ていなかったり、消費税の納税額が低くなっている可能性が高いです。

中間申告したほうが、税額が下がるかどうかを顧問税理士に確認してもらいましょう。

中間申告したほうが税額が低ければ、中間申告して合法的に税金の支払いを小さくすることができます。

それでも支払えないようであれば、分割納付のお願いをします。

国税徴収法には「換価の猶予」という手続きがあります。

次の要件の全てに該当するときは、原則として1年以内の期間に限り、分割納付が認められることがあります。

- 国税を一時に納付することにより、事業の継続又は生活の維持を困難にするおそれがあると認められること
- 納税について誠実な意思を有すると認められること
- 換価の猶予を受けようとする国税以外の国税の滞納がないこと
- 納付すべき国税の納期限から6か月以内に申請書が提出されていること
- 原則として、担保の提供があること

この要件に該当しなくても交渉によっては、分割納付の許可をもらえることがあるのであきらめないようにしましょう。

分割納付の許可をもらえば、約束どおりに分割払いしている限り差し押さえされることはありません。

社会保険料も同様に分割の交渉をして支払いを遅らせる交渉をしましょう。

ただし、交渉せずに支払いを止めたり、計画通りに支払わないと、急に預金の差し押さえをしてきたりするため細心の注意が必要です。

ある会社で、税務署から取引先に一斉に売掛金の確認の連絡がいったことがあります。取引先は税務署からそんな通知がくるものですから、当然その会社が税金の滞納をしているのだろうと推測し、取引を小さくされてしまったり、最悪の場合だと取引停止になったりし、さらに資金繰りが悪化してしまいました。

あわてて税務署に確認に行くと「別に滞納している事実を伝えたわけではありません。売掛金があるかどうか確認しただけです」とドライなものです。

「いや、税務署からそんな通知がいったら滞納してると思うに決まってるじゃないですか！」と文句を言いましたが、後の祭りです。

実はこの会社の社長は、分割の納付計画を何回も反故にし、税務署からまったく信頼されなくなっていたのです。

税金はもちろん納付しなければいけませんし、税務署へはきちんとした対応をしていないと、このような強硬策に出られてしまうこともありますので十分注意してください。

③サイトをいじれ！

また、第3章で少しお伝えしましたが、回収サイトや支払サイトを自社に有利に設計することで資金繰りを改善することができます。

たとえば、回収サイトは売上の翌月のケースが多いと思いますが、当月入金に変更できないでしょうか。もっと言えば、前入金にはできないでしょうか。

「売上が上がってるのに、資金繰りがキツイんです」と悩んでいる社長から相談を受けました。

住宅関係の消費者向けのビジネスをおこなっている会社でした。

売上が急上昇していたので売掛金が大きく増え、運転資金が回らなくなるといういわゆる黒字倒産するパターンでした。

「社長、なんで先にお金をもらわないんですか？　そうすれば、お金が増えませんか？」と提案したところ、全く発想になかったらしく「え!?」と驚いていました。

消費者向けですから、お客さんに支払サイトという概念はありませんので、「たしかに、先にお金をもらって、入金後に施工という流れにしても、文句を言う人はほとんどいないかも」となり、すぐに次の受注から事前入金に変更してもらったところ、売掛金1億円がなくなり、手元資金が1億円増えました。

さらに、施工前のお金も2000万～3000万円ほど先に入ってきたので、その分、手元資金が増えました。

売上と利益はまったく変わりませんが、サイトをいじっただけで現預金残高が劇的に変わるのです。

P／L思考だと時間軸の概念がないので、回収サイトのことが考えられません。

余談ですが、今まではお金を払わない人も多少いて回収に苦労することもあったのですが、お金を先にもらってますから、貸し倒れることも一切なくなりました。

逆に、支払いをいかに遅くするかも検討事項です。

大手通信会社から工事案件を受注して喜んでいた会社から「資金繰りが回らなくなりそうだ」と相談を受けました。

この受注のおかげで業績は絶好調になる予定だったのですが、なんと大手通信会社の支払サイトが工事完成後１８０日！　着工から60日くらいかかる工事案件でしたので、実質２４０日。約８か月です。資材や外注費の支払いは１か月サイトでおこなわざるをえない状況でしたので、８か月間資金の持ち出しです。

大手通信会社は、資金が回らないなら他の業者に変更するからいいというスタンスですので、交渉の余地もありません。

大手広告代理店の１８０日の支払手形決済なども同じです。信用ある会社の手形なので、安定して割れるからありがたいと言っている社長がいましたが、手形割引料という無駄に高い金利を払わされているだけです。

大手企業は、財務を分かっているから支払サイトという手段を使って、中小企業から資金を奪っているのです。

しかし、財務基盤が脆弱な中小企業こそ支払サイトにこだわるべきではないでしょうか。それにもかかわらず、請求書が届いたからという理由で臨時に支払ったり、なんとなく先方の期限にあわせて支払ったり、という中小企業を多く目にします。

最低限、自社の支払サイトで支払いをするよう交渉すべきです。

短くても月末締めの翌月末払いにするべきでしょうし、翌々月10日払いといったようになるべく遅いサイトで支払えないかを考えます。

月末締めの翌々月10日払いが嫌がられるのであれば、20日締めの翌月末払いを提案してみてはどうでしょうか？　どちらも40日サイトになります。

資金繰りが悪くなってから交渉すると、危ない会社じゃないかと勘繰られることもありますので、本来はじめからやっておくべき財務戦術です。

中小企業もきちんと回収サイト・支払サイトを戦略的に考えなければいけません。

1日でも長く、1円でも多く手元に現預金を残す。

財務戦略の基本中の基本です。

破産はするな！

会社の業績が厳しくなり、資金繰りに行き詰まってくると、漠然と「破産」を考える社長が多いです。

破産とは債務を合法的に免除してもらう手続きです。

裁判所で支払いが不可能であると認められると、会社はすべての債務を支払う必要がなくなります。

つまり借入がチャラになるのです。

職業柄、なんとか頑張って返さなければいけないと追い込まれる方を多く見てきました。

しかし本当に返さなければいけないのでしょうか？

法人の破産であれば、法人所有の財産を処分されて返済などに充てられるだけで、返済できない金額が免除されます。

株価はゼロになりますが、株主は有限責任ですので、それ以上の損失を補てんする必要はありません。

ただし、多くの場合、経営者が連帯保証人にされてしまっていますので、連帯保証人として法人の債務が個人に降ってきてしまいます。

経営者本人も個人では返済ができないので、経営者保証に関するガイドラインに沿って保証債務を免除してもらわない限り、自己破産を選択するしかないという流れです。

個人の場合でも、実際は債務免除ですし、裁判所で定める基準を超えない財産は手元に残すこともできます。

ただし、いくら破産のメリット・デメリットを論じても、やはり社会的に信用は低下しますし、なんといっても精神的なダメージが大きいと思います。

だったら返さなければいいのではないでしょうか？

破産には自分で申し立てる自己破産と、債権者が申し立てる債権者破産があります。

ほとんどのケースは自己破産です。

債権者側が破産手続きをするのは手間とお金がかかるので普通はやりたくないのです。

では、なぜ自分で申し立てをするのでしょうか？

そもそも債務免除をしてもらう必要があるでしょうか。

取り立てが激しいような場合は別ですが、破産してもすぐに借入はできませんので、実は今の状態とそれほど変わりません。

そもそもリスケジュールの状態でほとんど返済ができず、破産を考えているような会社の格付けは相当低くなっているため、銀行は引当金を十分積んでいます。つまり既に損失を計上しているのですから、無理に回収するメリットがありません。

むしろサービサーに売ってしまい、損切りをしてしまったほうが税金のメリットがあるくらいです。

返せない負債を銀行からサービサーに買い取ってもらって、数％で買い戻すことで債務圧縮できるかもしれません。

保証協会や日本政策金融公庫など債務カットに応じない金融機関もありますが、処分する資産がなければ無理に回収しませんので、最低限の金額をずっと返していけばいいのです。

日本国憲法第25条で「健康で文化的な最低限度の生活を営む権利」が保障されています。自己破産せず生活を脅かさない最低限度の金額を死ぬまでダラダラ返していけばいいのです。

死ぬまで負債を抱えたままにして、死んだときに相続人が相続放棄をすれば、借金はチャラになります。

借りたら返さない選択肢もあるのです。

おわりに

さまざまな財務戦略をお伝えしてきましたが、具体的にどのような財務戦略を採用するかは、企業のフェーズによって全く異なります。足元だけではなく、会社の未来をきちんと見据える必要があります。

財務戦略は未来への戦略でもあるので、どこに向かっているかが分からないと戦略の立てようがありません。経営者の考える未来からの「逆算」でしか、財務戦略は立てられないのです。

そして、もう1つ重要なのが、株主つまりオーナーとしての出口戦略です。

オーナーとしての出口戦略は、「株式上場（IPO）」「M&A」「親族内承継」「清算」「破産」の5つしかありません。

破産を目指す人はいないでしょうから、実質的には4つです。

もちろん、どの戦略をとるのかは、企業の目的に影響します。

M&Aを選択するのであれば、オーナーとしては株の売却益が多いほうがいいので、株価を上げる戦略、つまり節税せず企業価値が高くなるような財務戦略を採用します。

一方、親族内承継であれば、相続税対策として株価を下げる戦略をとることが一般的です。

また、清算が出口であれば、負債を全部清算することが前提ですから、引退までにいかに資金を残すようにするか、といったように財務戦略は変化していきます。

さらにもう1つ考えなければいけないのが、経営者個人の財務戦略です。

「いつ、どこで、どのように死ぬのか?」「生活水準はどうなのか?」「教育資金はいくらかかるのか?」「いくつで引退して、いくつで死ぬのか?」「引退後年に何回海外旅行に行くのか?」「そもそも、日本にいるのか?」などのほか、コントロールできない要素も多いですが、生涯必要資金の設定はしておいたほうがよいと思います。

なぜなら、経営者個人の人生、経営者一族の人生は、同族会社の財務戦略に大きく影響を与えるからです。

財務戦略なくして経営戦略なし。

経営戦略なくして財務戦略なし。

「企業の未来」「オーナーとしての出口戦略」「経営者個人の財務戦略」――このリンクしあう3つの項目からの逆算ではじめて適切な財務戦略が組めます。

このように言うと難解なものに感じてしまいますが、シンプルに言うと、まずは経営者の「夢」を明確にするだけです。

企業を通じてどういう夢をかなえるのか、どういう人生を送りたいか、それを明確にすれば、それにあった財務戦略はそれほど複雑なものにはなりません。

財務は経営者の夢を叶えるための道具でしかありません。

2017年7月吉日

大久保　圭太

［著者］
大久保圭太（おおくぼ・けいた）

Colorz国際税理士法人代表社員。税理士。

早稲田大学卒業後、会計事務所を経て旧中央青山PwCコンサルティング（現みらいコンサルティング）に入社。中堅中小企業から上場企業まで幅広い企業に対する財務アドバイザリー・企業再生業務・M＆A業務に従事。再生業務において、過去節税のために生命保険に加入した経営者が、業績悪化とともに借入等が返済できなくなり、保険金欲しさに自殺するのを間近にみて、自分の無力さに悩む。税理士の適切でないアドバイスにより会社の財務が毀損し、苦しんでいる経営者が多数いる現実を変えるには、税理士業界の意識を変える必要があることを痛感。2011年に独立し、再生案件にならないような堅実な財務コンサルティングを中心に、代表として累計1000社以上の財務戦略を立案している。

著書に、『財務諸表は三角でわかる　数字の読めない社長の定番質問に答えた財務の基本と実践』（ダイヤモンド社）がある。


借りたら返すな！

――いちばん得する！ 儲かる会社に変わるお金の借り方・残し方

2017年7月20日　第1刷発行
2022年11月14日　第7刷発行

著　者――大久保圭太
発行所――ダイヤモンド社
〒150-8409　東京都渋谷区神宮前6-12-17
https://www.diamond.co.jp/
電話／03･5778･7233（編集）　03･5778･7240（販売）

装丁・本文デザイン――大谷昌稔
製作進行――ダイヤモンド・グラフィック社
印刷――――信毎書籍印刷（本文）・加藤文明社（カバー）
製本――――ブックアート
編集担当――武井康一郎

ISBN 978-4-478-10324-1